EXIL

Burkhard Müller-Ullrich

MEDIENMÄRCHEN

Gesinnungstäter im
Journalismus –
eine Wiedervorlage

edition buchhaus loschwitz

Impressum

© edition buchhaus loschwitz 2023
2. Auflage 2024
Alle Rechte beim Autor.
Friedrich-Wieck-Straße 6, 01326 Dresden
www.kulturhaus-loschwitz.de

Satz und Gestaltung: werksatz dresden

ISBN 978-3-9825562-3-9

Was helfen alle Appelle an Ethos und Moral, wenn die meisten Medienmarken just von Überzeugungstätern mit höchsten moralischen Ansprüchen verzapft werden? Da lobe ich mir den Typus des Zynikers, der an nichts glaubt, aber wenigstens nichts propagiert.

Der Nachrichtenforscher

von Uwe Tellkamp

Die Tausendundeinenachtabteilung gehört zu den öffentlichsten und zugleich verborgensten Organisationen. Sie sendet, funkt, zwitschert kurz und schreibt lang (Artikel, Broschüren, ganze Bücher), empfängt und bildet Meinungen, nimmt Nachrichten aus der Welt auf und gibt sie, aus alt mach neu, in die Welt zurück. Aus der Nacht kommen die Nachrichten, kreisen, Waschgang um Spülgang deutlicher, durch die Zuständigkeiten, sprudeln frisch ans Licht zurück. Damals, als ich noch dazugehörte (doch wer von uns hört je auf, dazuzugehören?), begegnete ich Burkhard Müller-Ullrich, BMU, wie ich ihn bald nannte, bei »indubio«, dem Podcast der Achse des Guten. Sie befindet sich auf der schwarzen Seite der Tausendundeinenachtabteilung, bei den gebrannten Kindern, den Abweichlern von jenen Kursen, die seit etwa 2015 auf der weißen Seite, der einzig anständigen, erlassen werden. In dubio pro reo, im Zweifel für den Angeklagten, sagt ein bewährter Rechtsgrundsatz. Zum guten Journalisten gehört die Ethik des Zweifels; BMU gab dem Zweifel einen Raum, später sogar einen ganzen Sender, den »Kontrafunk«. Ein Gegengewicht zum Moralblei auf der Diskurswaage, den sogenannten Narrativen zu Migration, Trump, Wirtschafts- und Energiewende, Corona, Ukrainekrieg, zur woken Identitätsdebatte mit ihrem Lippenbekenntnis, dem Gendern; der »Kontrafunk« gibt jenen Stimmen einen Ort, die anderswo nicht oder kaum mehr vorkommen. Ein Ort zum Hören und Zuhören, beides nicht mehr häufig im Gesprächswesen öffentlich-rechtlicher und sonstiger Zerrspiegel.

BMU kam aus dem alten Deutschlandfunk, der mir seit meiner Kindheit im sogenannten Tal der Ahnungslosen (ohne Westfernsehen) vertraut war. Das Zeitzeichen, das »ta-ta-ta-taa«, danach das im Mittel- oder Langwellenrauschen vorgetragene »Hier ist der Deutschlandfunk mit den Nachrichten« drang durch die Wohnzimmer, in denen die Insassen über die Radios gebeugt hockten, manche sogar unterm Tuch, wie es im Dritten Reich die Eltern der Insassen beim Hören der BBC getan hatten. Der alte Deutschlandfunk, das waren ausdauernde, ins Wesentliche vordringende Gespräche, Informationssendungen, verläßliche Nachrichten – die fehlende Seite der uns zugänglichen Informationen. Die guten Gründe für den Zweifel, diesem lebensnotwendigen Bestandteil des guten Journalismus. Seit 2015 scheint es ihn in unseren sogenannten Qualitätsmedien immer seltener zu geben; in der Flüchtlingskrise triumphierten die Gewißheiten, man konnte endlich wieder einmal, schien mir, heil- und erlösungssüchtig hinter einer Fahne herlaufen, einer für das Richtige zumal, wie es wohl das tiefste Bedürfnis unserer von Angstgier geplagten, der Demokratie, wenn sie der guten Sache im Wege steht, überdrüssigen Meinungswirtschaft ist. Wie rasch sie wieder da waren, die hehren Worte, der Rausch der Euphorie gepaart mit dem des Hasses, das Sag mir, wo du stehst, die Wonne der Zweifellosigkeit, die altbekannte totalitäre Fratze.

Vom Deutschlandfunk, der wichtig war, sind BMU und seine Stimme geblieben. Zurückhaltend, um Ausgewogenheit bemüht, angenehm, hörbar rundfunkerfahren, eine Stimme, die den Verlockungen und den Bequemlichkeiten, die dem Gespräch innewohnen, nicht nachgibt, die, abgeneigt den Sprachstücken aus der Stanze und Sonderangeboten der Wortsaison, nach der elegant treffenden Formulierung sucht. Ein Perfektionist und Skeptiker, der an der Verkommenheit seines Berufsstands zu leiden, manchmal zu verzweifeln scheint, an der Dummheit, Eilfertigkeit, Schluderei, am schieren Unfug, der tagtäglich geschrieben und gesendet wird, was nicht nur eine Folge von Zeit- und finanziellem Druck, sondern auch eine mangelnder Achtung ist: vor dem Menschen, über den man etwas bringt, vor der Möglichkeit, sich zu irren, vor der Verantwortung gegenüber der Wahrheit und dem Anspruch, wenigstens danach zu suchen. Journalisten wirken ja durchaus in die Politik – im vorliegenden Buch werden Sie einige Beispiele finden, die von übler Meinung zu übler Handlung wurden.

Medienmärchen. Er geht ihnen nach in der Tausendundeinenachtabteilung, ein Aufklärer und Wißbegieriger, der seine Lampe an die Skandale und Lügen hebt und im Gewirk des allerneuesten Humbugs uralte Erzählmuster vorschimmern sieht. Im Grunde ändert sich nichts. Das könnte melancholisch stimmen, ist aber auch beruhigend; das angeblich Niedagewesene ist eben doch schon dagewesen. Ewiger Kreislauf. BMU betrachtet ihn mit Humor: dem grimmigen des Moralisten, der das, was er liebt, verelenden sieht und sich dagegen wehrt, dem stoischen eines Quichotte, der Grund zur Hoffnung hat, daß seine Windmühlenkämpfe womöglich doch nicht ganz vergeblich sind. Sein Humor hat auf den Leser auch eine heilende Wirkung. Man lacht über all den wiederkehrenden Unsinn, den bodenlosen, leider oft auch gefährlichen und bösartigen Quatsch – und all das, was einen in der Gegenwart bedrückt, was einem als undurchdringlich erscheint, ordnet sich ein, wird erträglicher. Den Deutschlandfunk höre ich kaum noch. Den Kontrafunk des zum Humor, zur Freiheit, Verantwortung, zur Noblesse begabten Wahrheitszweiflers BMU täglich.

Vorwort

27 Jahre später

Eigentlich sind die *Medienmärchen* kein Buch. Als es im Herbst 1996 herauskam, fehlte ihm schon der Charakter des Fertigen und Dauerhaften. Mir schien, ich hätte diese Fallsammlung endlos fortsetzen können – für einen Autor zweifellos ein Businessmodell. Und tatsächlich waren etliche der zwischen den Buchdeckeln versammelten Geschichten zuvor in Loseblattform, nämlich als Zeitungsartikel erschienen. Das hätte also weitergehen können.

Doch dann passierte folgendes: Das Internet kam auf, und die Zeitungen erlebten einen gravierenden Einbruch bei den Werbeeinnahmen. Die Dotcom-Blase platze, die »New Economy« brach zusammen, und in den Verlagshäusern machte sich Panik breit. Redaktionen wurden zusammengelegt und geschlossen, Honorare gekürzt, freie Mitarbeiter bekamen keine Aufträge mehr, und Geld für Recherchen und Reisen gab es erst recht nicht.

Das führte zu einer großflächigen Veränderung im Journalismus. Vieles, was ich in den *Medienmärchen* noch als Einzelphänomene beschrieben hatte, entwickelte sich zu einem Systemversagen auf breiter Front. Aus wenigstens noch benenn- und analysierbaren Pannen und Fehlleistungen wurde eine neue Normalität. Nicht nur die Fallzahlen nahmen in atemberaubendem Maße zu, sondern auch die Ansteckungsrate. Eine epidemische Lüge von nationaler Trugweite hielt Einzug in den Medien, und zwar nicht nur bei der Lückenpresse, sondern auch bei den Öffentlich-Rechtlichen.

Damit fiel nicht nur die letzte Bastion der sogenannten Vierten Gewalt und ihrer demokratischen Sturmgeschütze, sondern die üblichen ökonomischen Erklärungsmodelle zeigten sich als untauglich. Denn auf die üppigst mit Gebühren alimentierten Sender traf die These von den darbenden Redaktionen ja offensichtlich nicht zu. Geldmangel kam keineswegs als Grund für den eklatanten professionellen und intellektuellen Bankrott der Radio- und Fernsehprogramme in Frage. Was aber dann?

Hier kommt jener Prozeß des gesinnungsmäßigen Mainstreamings ins Spiel, den ich in den *Medienmärchen* ahnend und tastend versucht habe zu beschreiben. In der Rückschau von heute war das alles pillepalle. Denn heute ist klar: das ganze Rundfunkbiotop ist gekippt. Versifft, verseucht, unsanierbar. In allen Sendern, Häusern, Abteilungen, Studios haben sich konspirativ-kooptativ und quasi durch Osmose Migrationsbegeisterung, Genderwahn, Klimahysterie und

Coronapanik durchgesetzt, und in den Führungseta-
gen findet sich kein einziger Charakterkopf mehr, der
dem Narrentreiben Einhalt geböte. Von den leitenden
Redakteuren bis zum letzten Moderator sind alle darauf bedacht, allen anderen ihre Tugendhaftigkeit zu
signalisieren und dabei einander an Schärfe und Ent-
schiedenheit zu überbieten.

In dem kulturellen Bürgerkrieg, den die Heerscharen der Talentfreien und Bedeutungslosen führen, um sich im Mitbesitz moralischer Meutenmacht
zu suhlen, sind die Reihen so fest geschlossen, daß
es nicht mal mehr einzelne Widerstandsnester, Spiel-
felder des Querdenkens und geistige Oasen gibt, die
noch als Rechtfertigung für den bräsigen Multimilliar-
den-Apparat dienen könnten. Immerhin war das einst
die fundamentale Idee eines öffentlich finanzierten
Medienbetriebs gewesen: er sollte eine Dienstleistung
erbringen zur Selbstverständigung der Gesellschaft in
allen ihren Gegensätzen, Unterschiedlichkeiten und
Facetten. Er sollte einen dialektischen Prozeß ermög-
lichen und widerspiegeln. Er sollte Kritik kultivieren –
und zwar in jeder Hinsicht und auf jedem Feld.

Eine solche Publizistik sollte die Schwester der Wissenschaft sein: selbstreguliert durch die antagonisti-
schen Kräfte des menschlichen Geistes, dabei offen für
Spekulation und Debatte, aber immer der Logik und
dem Argument verpflichtet. Doch nicht von ungefähr
wurden auch in der Wissenschaft diese Grundlagen

zerstört. Die Anerkennung für das Adverse, nein: schon das Zulassen von Zweifeln liegt längst außerhalb der betonierten Korridore.

Mit einzelnen Medienmärchen hat es angefangen, mit Lügen, die nicht selten zum Lachen waren, weshalb ich mir einen humorigen Grundton erlaubt habe, was ich heute nicht mehr tun würde. Denn die Komik ist verflogen, seitdem die vollständige und systematische Verdrehung aller Sachverhalte zur Regel geworden ist. Zum Glück, so kann man einwenden, hat der technische Fortschritt die Möglichkeit geschaffen, sich von der Indoktrination durch die Propagandamaschinen der Regierungen und ihrer willfährigen Schatten, der Nichtregierungsorganisationen, ein Stück weit fernzuhalten. Dasselbe Internet, das den alten Geschäftsmodellen des seriösen Journalismus den Garaus gemacht hat, brachte ganz neue Recherche- und Verbreitungswege hervor. Neben den Hochburgen der staatsnahen Agitation ist eine Vielzahl sehr erfolgreicher Blogs, Vlogs, Websites, Social-Media-Kanäle und Webradios entstanden. Eines der letztgenannten ist der von mir gegründete Kontrafunk.

Auf diese Weise hat sich zwar das Feld der Informationsgebung erweitert, aber das Problem der Wahrheitsfindung bleibt unverändert heikel. Denn selbstverständlich gibt es auch bei den sogenannten Alternativmedien viel Lug und Trug und Humbug. Bei der Beurteilung intrikater Sachverhalte stehen wir alle

– journalistische Profis genauso wie normale Nachrichtenkonsumenten – vor der Frage: Wem vertraue ich? Wir besitzen ja in der Regel keine wissenschaftliche Expertise, sondern nur unseren gesunden Menschenverstand.

Und da endlich hat der Radikalverfall des Mainstreams etwas Gutes. Indem wir es nicht mehr mit Einzelfällen und Ausrutschern – in welcher Häufung auch immer – zu tun haben, sondern mit einem unrettbar durchverkommenen System, hat sich auf nachgerade natürliche Weise eine Faustregel gebildet, die bei der Orientierung im Dunkelfeld unbekannter Tatsachen sehr nützlich sein kann und die ich hiermit gerne weitergebe: Nehmen Sie stets und immer von allem, was ihnen im Zwangsgebührenfunk und -fernsehen erzählt wird, das genaue Gegenteil an, dann liegen Sie ungefähr richtig.

Steckborn im September 2023
Burkhard Müller-Ullrich

Das Waldsterben – Ein Holzweg

Der deutsche Wald steht grün und schweiget, anstatt zu protestieren. Deshalb können Journalisten über ihn behaupten, was sie wollen. Zum Beispiel, daß er stürbe. Anfang der achtziger Jahre ging es los. »Das stille Sterben«, titelte der *Spiegel*. Aber so still war es nicht. Im Gegenteil: Das Waldsterben wurde zu einer der grandiosesten und gigantischsten Kampagnen, welche die deutsche Öffentlichkeit je erlebt hat. Die gegen Naturschäden resistenteren Franzosen merkten wieder einmal nichts von der rechtsrheinischen Katastrophe, aber sie konnten ihre Sprache um ein Wort bereichern, das ebenso wohlklingend ist wie »leitmotiv« und ebenso poetisch eine germanische Gemütsverfassung ausdrückt: »le waldsterben«.

Der Horror im Gehölz erwies sich als sprachliche Herausforderung erster Güte. Ihn zu beschreiben, ging schier über die Vorstellungskraft abgebrühter Umweltjournalisten. »Tödliche Pocken« attackierten die Bäume, ein »ökologisches Hiroshima« drohte. Der »saure Regen«, so die Theorie, transportiere die schwefelhaltigen Abgase aus Industrie und Verkehr überall hin. In den Waldböden reicherten sich die Schadstoffe an, kein deutscher Baum werde von den Giften verschont bleiben. 1983 stand fest: Binnen höchstens fünf Jahren werde sich das ganze Land in eine kahle Steppe verwandeln.

Das Fabelhafte an solchen vollmundigen Prognosen besteht darin, daß es ganz egal ist, ob sie in Erfüllung gehen. Niemandem fällt es auf, niemand nimmt daran Anstoß, wenn sie sich in aller Deutlichkeit als falsch erweisen. Denn fünfzehn Jahre nach dem Beginn der fürchterlichen Forstdämmerung wächst der deutsche Wald üppiger denn je: Die Waldfläche der alten Bundesländer ist seit 1960 um fünf Prozent größer geworden, der Anteil der über 80 Jahre alten Bäume hat sich um 30 Prozent erhöht, und auch der Holzvorrat hat zugenommen – mit 300 Festmetern Holzvorrat pro Hektar gehören Deutschlands Wälder zu den holzreichsten Europas. Professor Otto Kandler, ehemaliger Direktor des Botanischen Instituts der Universität München, sagt klipp und klar: »Ein allgemeines Waldsterben über das natürliche ›Stirb und Werde‹ hinaus hat nicht stattgefunden und findet nicht statt.«

Mittlerweile ist das Waldsterben selbst gestorben – als Thema in den Medien. Nur ab und zu, meist im Dezember, wenn wieder ein neuer ministerieller »Waldzustandsbericht« (bis 1988: »Waldschadensbericht«) auf den Tisch kommt, reagiert die Presse noch mit einer müden Meldung. Den Skandal, der darin besteht, daß die Bevölkerung mehr als zehn Jahre lang mit apokalyptischen Artikeln irre gemacht wurde, hat so gut wie kein Vertreter der schreibenden Zunft aufgegriffen.

Doch – einer: 1995 erschien in einem Allgäuer Kleinverlag die Doktorarbeit des Agrar-, Sozial- und Literaturwissenschaftlers Rudi Holzberger, der damit an der Universität Konstanz summa cum laude promoviert wurde und den Preis der Stadt Konstanz für besondere wissenschaftliche Leistungen gewann. Auf 336 engbedruckten Seiten entlarvt er den journalistischen Wahn vom Waldsterben als eine einzige morbide Orgie deutschen Gesinnungskitsches. Das für eine akademische Arbeit reichlich rasant geschriebene Opus verrät in Holzberger nicht nur den Medienpraktiker, sondern auch den Renegaten. In der Tat hatte der Autor als umweltpolitisch engagierter Mitarbeiter von Zeitungen und Zeitschriften einst selbst den Wald nach Kräften totgeschrieben.

Aber dem leidenschaftlichen Waldläufer kamen alsbald Zweifel, die er, statt ihnen mit professionellem Abwehrreflex zu begegnen, produktiv zu nutzen wußte. So erkannte er, daß die ganze umfangreiche Waldsterben-Publizistik von vorn bis hinten auf Klischees beruht: Die Metaphern, die Motive, die Methoden – alles stammt aus dem Fundus traditioneller Zivilisationskritik, deren linksgewendeter Phänotyp der Nach-Achtundsechziger-Zeit hingebungsvoll das Denkbild der strafenden Natur pflegte und es mit einer aktionistischen Notwehr-Philosophie verknüpfte. Die Umweltbewegung kämpfte gegen eine übermächtig erscheinende Atomindustrie, die Dritte-Welt-Bewegung sah die armen Länder unausweichlich in der Schuldenfalle der reichen Industrieländer, die Friedensbewegung warnte unentwegt vor dem Atomkrieg. Globale Gefahren lauerten allerorten, und jeweils schien die Uhr auf fünf vor zwölf zu zeigen. Und vor allem die braven Bürger der friedlichen Bundesrepublik zeterten über die gewaltigen Risiken des modernen Lebens.

Die Rezeption von Holzbergers Erkenntnissen fiel ziemlich dürftig aus. In den Redaktionsstuben sprach es sich zwar alsbald herum, daß man mit dem Waldsterben wohl auf dem Holzweg war, und die *Woche,* offenbar um engagierte Haltung bis zum Schluß bemüht, erklärte wisserisch und gleichsam nebenbei: »In den vergangenen Monaten hat sich eine bemerkenswerte Koalition aus Biologen, Journalisten, Medienwissenschaftlern und Vertretern der Autoindustrie gebildet, die nachzuweisen sucht, das Verschwinden des Waldes sei nur Klischee einer Generation in Endzeitstimmung.« Aber gerade dieser Tonfall, der suggeriert, man setze sich mit etwas Altbekanntem auseinander, ist falsch: Die volle Wahrheit über das Waldsterben, die da lautet: Es war nur ein Rauschen im Zeitungsblätterwald, ist kaum je gedruckt worden.

Mit der ihr eigenen Sorgfalt und Gediegenheit zog einzig die *Neue Zürcher Zeitung* schon 1986 den angekündigten Untergang in Zweifel. Mehr noch, sie konstatierte »Unredlichkeit in der Waldsterbeforschung« und erklärte: »Unter dem Druck und der Verlockung der Öffentlichkeit haben verschiedene Waldsterbeforscher Daten verbreitet, die inzwischen durch Nachuntersuchungen widerlegt worden sind. Allerdings haben die Widerlegungen bisher kaum Beachtung in der Öffentlichkeit gefunden.«

Die Widerlegungen galten einer Theorie des Göttinger Forstwissenschaftlers Bernhard Ulrich, derzufolge die Luftverschmutzung durch Industrie- und Verkehrsabgase zum »sauren Regen« führe, der das großflächige Absterben des Waldes, selbst in kaum industrialisierten Regionen, bewirke. Ulrich hatte zunächst nur das 1976 beobachtete Tannensterben erforschen wollen, bezog sich dann aber auf sämtliche Baumarten und sorten. Seine erstmals 1978 in einer forstwissenschaftlichen Zeitschrift vorgestellte Theorie fand in der Fachwelt geteilte Aufnahme: Widerspruch kam vor allem von der »Freiburger Schule«. Unterstützung fand Ulrich hingegen beim Münchner Forstwissenschaftler Peter Schütt, dessen Statement von da an ebenfalls in keinem Artikel über das Waldsterben fehlen durfte.

Dem *Spiegel* genügte die graue Theorie allerdings nicht. Aus dem »sauren Regen« wurde flugs ein

»Säureregen«. Die anderen Medien zogen nach, ohne die Behauptungen des führenden Nachrichtenmagazins jemals zu hinterfragen. Die entsprechenden Aussagen von Wissenschaftlern wurden von Artikel zu Artikel in einem endlosen Kreislauf rezykliert. Recherchiert wurde dagegen wenig. Zitate der Experten Ulrich und Schütt garnierten so gut wie jede Veröffentlichung, während die Meinungen anderer Wissenschaftler einfach nicht vorkamen. »Sogar Fachzeitschriften verweigerten den Abdruck von Beiträgen, die den Tod der Wälder bezweifelten«, erinnert sich Professor Heinz Zöttl vom Freiburger Institut für Bodenkunde und Waldernährungslehre, der gegen die übermächtigen Horrorszenarien der Medien vergeblich mit gesicherten Fakten aufzuwarten suchte.

Der Zusammenhang zwischen dem vermeintlichen Waldsterben und der Luftverschmutzung ist nämlich sehr viel komplizierter. Wie alle Lebewesen sind Bäume anfällig für Krankheiten, die ganz verschiedene Ursachen haben. Schädlinge, Frost, Dürre, Stürme beeinträchtigen das Wachstum, und auch das Alter der Bäume spielt eine Rolle. Gerade in Gebirgsregionen werden Wälder nur selten abgeholzt. Doch Bäume, die älter als 60 Jahre sind, erkranken dreimal so häufig wie jüngere Artgenossen.

Problematisch ist vor allem die Art der Schadenserhebung. Dabei wird jährlich zu einer vereinbarten Zeit der Zustand der Bäume, insbesondere der

Baumkronen, eingeschätzt. Gradmesser ist ein fiktiver Normalzustand. Bei einem Blatt- oder Nadelverlust von mehr als 25 Prozent gilt ein Baum bereits als schwer geschädigt. Tatsächlich können viele Bäume mit einem derartigen Verlust aber gut leben. Die Messungen beruhen weitgehend auf Luftaufnahmen, bei denen die Kronenverlichtung festgehalten wird. Aber von welchem Verlichtungsgrad an ein Baum als krank zu gelten hat, ist nach wie vor umstritten. Untersuchungen der Schweizer Eidgenössischen Forschungsanstalt für Wald, Schnee und Landschaft aus dem Jahr 1994 haben keinen Zusammenhang zwischen Kronenschädigung und dem Waldsterben belegen können. Die Baumsterblichkeit schwankte bei den Schweizer Stichproben zwischen 0,3 und 0,5 Prozent pro Jahr – eine Quote, die ungefähr der natürlichen Absterberate entspricht.

Professor Achim Gussone, Herausgeber der Zeitschrift *Forst und Holz,* kritisiert, daß bei der Beurteilung der Waldschäden die Befunde unterschiedlicher Baumarten und Wuchsgebiete zusammengerechnet werden. Das Verfahren der Benadelungseinschätzung sei für die flach wurzelnde Fichte eingeführt worden, seine Übertragung auf andere Baumarten führe zu falschen Ergebnissen. Auch Professor Heinrich Spiecker vom Institut für Waldwachstum in Freiburg hält es für undifferenziert, aus dem Grad der Kronenverlichtung der Bäume auf Schadstufen zu schließen. Für diese Phänomene kämen eine Vielzahl natürlicher und anthropogener Ursachen in Frage. Zum gegenwärtigen Zeitpunkt sei es jedenfalls nicht möglich, Zusammenhänge zwischen Umwelteinflüssen und Schadsymptomen zu erkennen.

Viele Forstwissenschaftler, die anfänglich ans Waldsterben geglaubt hatten, sind längst davon abgerückt. Fritz Schweingruber zum Beispiel, Professor an der Universität Basel, räumt ein, für die Verlangsamung des Baumwachstums nach 1956 sei der damalige strenge Winter verantwortlich gewesen und nicht die Luftverschmutzung, wie er zuvor behauptet hatte. Roberto Buffi vom Forstwissenschaftlichen Institut Birmensdorf bei Zürich, hat seine Meinung ebenfalls geändert. Er glaubt inzwischen, daß die Luftschadstoffe vor allem die um Licht und Nährstoffe konkurrierenden Pflanzen des Untergehölzes schädigen und dadurch das Wachstum der Bäume beschleunigen. Letzteres läßt sich tatsächlich unschwer feststellen: Mag sein, daß es sich hierbei endlich um eine Folge der Luftverschmutzung handelt, denn jene Stickoxide, die Mensch und Tier vergiften, wirken für die Pflanzen als Dünger; jedenfalls wuchert das Holz neuerdings so stark, daß die Förster darin das eigentliche Waldproblem der Gegenwart erkennen. Die Holzvorräte in Europa sind so groß wie nie zuvor, der Absatz des Rohstoffes wird immer schwieriger. Womit wir vom stillen Sterben immerhin zum wilden Wachsen gelangt wären.

Die Welt als Wald

Daß der Menschen Tun und Lassen sich auf ihre Umwelt auswirkt, stand freilich noch nie in Zweifel. Auch war man sich schon vor dem deutschen Waldsterben bewußt, daß Bäume zwar langlebige, aber keineswegs gegen jederlei Gefahr gefeite Gewächse sind. Bereits um Christi Geburt hatte der griechische Geograph Strabo auf den Zusammenhang zwischen dem Absterben der Bäume in Spanien und den dort betriebenen Erzröstereien hingewiesen. Im Mittelalter erließ man erste Schutzbestimmungen. So wurde 1341 den Schmieden im sächsischen Zwickau verboten, Steinkohle zu verwenden, weil die Abgase die Vegetation schädigten. 1850 wurde in Sachsen der erste Lehrstuhl für Pflanzenchemie eingerichtet, an dem die Ursachen des Waldsterbens im Thüringer Wald, im Erzgebirge, dem Frankenwald und dem Fichtelgebirge erforscht werden sollten. 1872 veröffentlichte der englische Wissenschaftler Robert Angus Smith sein Buch *Air and Rain*, in dem zum ersten Mal der Begriff »acid rain« auftauchte.

Von da an konstatierten die Forscher in der Nähe von Industrieanlagen immer wieder das Absterben von Bäumen. Um 1900 gingen an Saar, Ruhr und in Oberschlesien viele Laub- und Nadelbäume ein, 1910 waren es die Eichen in Westfalen, Sachsen und Pommern, 1919 die Ulmen in weiten Teilen Europas.

Allerdings scherten sich Politik und Industrie damals recht wenig um ökologische Desaster. Erst in den sechziger und siebziger Jahren, als erneut Waldschäden durch Industrieabgase beobachtet wurden, forderten Naturschutzverbände und der Deutsche Forstverein die Bekämpfung der Luftverschmutzung.

Die deutsche Waldsterben-Hysterie der achtziger Jahre trat jedoch aus dieser Tradition heraus. Sie war ein publizistischer Paroxysmus. Die morbiden Metaphern, mit denen die Autoren ihre apokalytischen Visionen dem Publikum vermittelten, verraten die schiere Sprachlust, die in dem Thema steckt. Baumleichen, Waldfriedhöfe und »Angsttriebe« schmückten jeden Text – letztere sollten die verzweifelte Reaktion der Pflanzen auf den »Umweltstreß« sein. Natürlich war immer »über allen Wipfeln Ruh'«, natürlich wurde stets »oh Tannenbaum« geseufzt, über »Kahlschlag« getrauert und die ganze Waldhaftigkeit der deutschen Kultur beschworen, um dem scheinbar Unabwendbaren, dem absoluten Horror, dem drohenden, nein: dem bevorstehenden Weltuntergang eine verbale Dimension zu verleihen. Den Gipfel des Kitsches erklomm Bartholomäus Grill in der *Zeit*, als er einschlägige Zeichnungen des Forstexperten Günter Grass besang: »Eichenleichen, Fichtenskelette, Stämme kreuz und quer durcheinander gestürzt wie Mikadostäbe. Die Rinden geplatzt, Bast quillt, Harztropfen kriechen. Totes Gehölz, Geäst, Gezweig,

Gestrüpp. [...] Sendboten des Todes, ehe die Tiere aus dem Wald fliehen und die Menschen nicht mehr kommen; ehe über allen Wipfeln Ruh herrscht und das Waldkleid licht wird und fadenscheinig wie des Bettelmannes Rock.«

Andere boten medizinisches und militärisches Vokabular auf, schrieben von der »Säuresteppe« oder davon, daß der Wald sich »wie eine Armee unterm Trommelfeuer« lichte. Rudi Holzberger, der sich früher selbst zu Formulierungen wie »Waldsterben wird zum Flächenbrand« verstieg, analysiert dergleichen jetzt mit viel Gespür – etwa den Satz des *Stern*, Deutschland sei in Gefahr, zu einer »Pershing-geschützten Dioxidsteppe zu verkommen«: »Mehr war 1984 nicht in eine journalistische Pointe aus sechs Worten zu verpacken. Mit Dioxid war wohl Dioxin gemeint.«

Die Theorie vom sauren Regen als Waldkiller traf einfach die Bewußtseinslage vieler kritscher Zeitgenossen und Journalisten. Die Industriegesellschaft hatte demnach etwas Selbstzerstörerisches. Überall zeigten sich die todbringenden Wirkungen, nicht nur in den Ballungszentren, sondern auch in entfernt liegenden, unberührten Gebieten. Die Umweltschützer kämpften nicht einfach für den Erhalt der Natur, sondern für das Leben schlechthin. Der Wald war zu einem Symbol des bedrohten Lebens geworden. In zähem Kleinkrieg verteidigten ihn Frankfurter Bürgerinitiativen gegen den Ausbau des Flughafens. Der unsichtbare saure Regen war das Pendant zum radioaktiven Fallout, dessen lebensbedrohende Wirkung über Tausende von Kilometern reichte.

Dem Widerstand gegen die Umweltzerstörung haftete etwas Heroisches an, gab es doch kaum noch Hoffnung. Die Katastrophe schien besiegelt. Kein Wunder, daß die Natur jetzt selbst zurückschlug. Das Waldsterben war die »Rache der Natur« für das ungebremste Profitstreben des Menschen. »Erst wenn der letzte Baum gestorben ist, der letzte Fisch gefangen, der letzte Fluß vergiftet, werdet Ihr begreifen, daß man Geld nicht essen kann«, lautete das Motto, das in Form eines Aufklebers besonders gern auf katalysatorlosen Altautos spazierengefahren wurde. Die düstere Prophezeiung, von Greenpeace zur Liturgie erhoben, stammte angeblich von einer alten Cree-Indianerin. Belegen läßt sich ihre Äußerung natürlich nicht.

Über die Forstwissenschaftler ergoß sich unterdessen kein saurer, sondern ein warmer Geldregen. Auf den sauren Regen selbst war man auch gar nicht mehr angewiesen. Man fachsimpelte zum Beispiel darüber, ob die von Kernkraftwerken ausgehende Strahlung am Siechtum der Bäume schuld sei. Auch sonstige Bedrohungen globaler Art wurden beschworen: 1994 stellte der Schweizer Forstwissenschaftler Ernst Fürst ironisch fest, daß nun »das berühmte Ozonloch das Waldsterben abgelöst« habe. Mehr an konkreten Einzelheiten orientierte Studien über direkte

Rauchschäden durch Braunkohlekraftwerke im Erzgebirge, über Schädlingsbefall von Monokulturen im Harz oder über Wachstumsschäden durch extreme Witterungsbedingungen fielen allerdings samt und sonders durch den Rost. Schließlich handelte es sich ja um eine Umweltkatastrophe größten Ausmaßes, und die konnte nicht von ein paar Minusgraden oder einer Horde Borkenkäfer ausgelöst werden.

Im blindwütig-verbissenen Zusammenspiel von Politik, Wissenschaft und Medien erhärten die verblasensten Vermutungen zu anerkannten Axiomen. Von da an sind sie so unumstößlich wie die Wahrheit und gelten deswegen als Wahrheit. Wenn zum Beispiel irgendein Rumor zum Radau wird und die kritische Schwelle öffentlicher Aufgeregtheit überschreitet, stellt sich der zuständige Minister automatisch an die Spitze der Bewegung. So erlangen jene verblasenen Vermutungen auf einmal höchste Weihen: Da sich Politiker ohnehin gern mit drastischen Umweltschutzmaßnahmen profilieren, beschloß Bundeslandwirtschaftsminister Ertl 1982, alljährlich einen Waldschadensbericht vorzulegen. Die Forstwissenschaftler publizierten die von ihnen erwarteten Ergebnisse. Die Medien kommentierten jede Maßnahme, jedes Forschungsergebnis in vermeintlich kritischer Manier. »An den Zahlen der Waldschadenserhebung«, schrieb die *Zeit,* gebe es »nichts zu deuteln. Am Ausmaß des Waldsterbens könne heute nicht einmal der ungläubige Thomas zweifeln, allenfalls ein pathologischer Ignorant.«

Mit Worten und Zahlen versuchte man aufzuwiegen, was Bilder nicht hergaben. Denn das Waldsterben bereitete den Journalisten eine Schwierigkeit: Es war nicht zu sehen. Tote Bäume ließen sich mit etwas Mühe zwar finden, aber tote Wälder kaum. In ihrer Not griffen die Photoredaktionen schon mal zu kleinen Tricks. Kahle Bäume vor einem Kernkraftwerk, abgelichtet von der Agentur Associated Press, identifizierte ein *Stern*-Leser aus der Nachbarschaft des Kraftwerks als völlig gesunde Gewächse – sie waren bloß des Winters wegen laublos. Die abgestorbenen Bäume auf den Höhen des Harzes, mit denen unzählige Magazine ihre Reportagen illustrierten, waren – wie manche kleinlaut eingestanden – Opfer des Borkenkäfers geworden. Um das Waldsterben aufs Zelluloid zu bannen, war kein Mittel zu abwegig und kein Aufwand zu groß; es mußten sogar im Vietnamkrieg erprobte Infrarotkameras her, um die Baumkronen zu photographieren. Wenn solche exquisiten Wärmebilder nicht verfügbar waren, blieb nur die klassische Methode, das unsichtbare Phänomen mit Hilfe von Karten und Graphiken zu illustrieren. Dazu gehörte freilich die Erklärung, daß sich der Exitus des Waldes weitgehend unmerklich vollziehe; erst im Endstadium, wenn von den Bäumen nur noch Skelette übrig seien, trete die Katastrophe deutlicher zutage. Daß es an photogenen Skeletten so sehr mangelte, ließ sich aber auch mit der Heimtücke der Förster erklären: Die fällten kranke Bäume angeblich so rasch, um das Desaster zu verschleiern.

Beide Erklärungen hatten den Vorteil, das politische Empörungspotential zu steigern. Denn wenn man den Waldschaden nicht sah, dann konnten die amtlichen Waldschadensberichte ja nur unerhörte Verharmlosungen enthalten. Und daß auch die Förster zu dieser Vertuschung beitrugen, war ein Beweis für die Notwendigkeit des Eingreifens der Medien. Falls all diese Argumente nicht genügend griffen, konnte man sich immer noch aufs Warnen verlegen: Mangels manifester Schäden beschrieb man dann die künftigen. So wußte der *Spiegel* Mitte der achtziger Jahre, daß bald jedes deutsche Gewässer, ob Baggersee oder Bodensee, mit Flößen bedeckt sein werde, weil man die vielen Baumskelette an Land gar nicht mehr lagern könne. Ein paar Vertreter der holzverarbeitenden Industrie Schwedens nahmen die Reportage für bare Münze und begaben sich nach Deutschland, um die gigantischen Mengen des billigen Holzes aufzukaufen. Enttäuscht und unverrichteter Dinge mußte die Delegation wieder nach Skandinavien zurückreisen.

Ungeachtet aller augenscheinlichen Tatsachen und wissenschaftlichen Erkenntnisse geht das Waldsterben in den Köpfen immer weiter. Vielleicht, so lautet mittlerweile die zynische Begründung mancher engagierter

Naturschutzpublizisten, mußte man ja übertreiben, um überhaupt Gehör zu finden. Von dieser Art Volkspädagogik braucht man freilich keine einzige korrekte journalistische Information zu erwarten.

Doch wir sind noch nicht am Ende. Denn wie man in den Wald auch hineinruft, es schallt immer gleich heraus: das richtige Waldsterben, verkündete der *Spiegel* Anfang 1994, sei erst im Anzug. Das derzeit festzustellende Wachstum der Bäume sei bloß dessen Vorbote, sozusagen ein letztes Aufbäumen. Der Wald rase gewissermaßen Amok in den Tod, denn er werde von einer »gigantischen Stickstoffdusche« aus der Landwirtschaft erstickt; namentlich die in die Luft entweichenden Ammoniumverbindungen der Vieh-Fäkalien trügen zu der Erscheinung bei, in *Spiegel*-Sprache: »zum Himmel stinkende Rinderfürze«. Dieses »zweite Waldsterben« beweist zumindest, daß der deutsche Wald mehrere Leben hat und wahrscheinlich noch öfter sterben wird. Im Grunde eine beruhigende Nachricht.

Tschernobyl – Der Medien-GAU

Milch strahlt. Quark strahlt. Molke strahlt. Alles, was der liebe Gott hat werden lassen, ist ein bißchen radioaktiv. Die natürliche Aktivität unserer Umwelt läßt sich messen in Becquerel oder Curie, und wenn man noch die Granitplatten an Häusern oder die Emissionen mancher Heilquellen in Betracht zieht, kommt man zu ganz ansehnlichen Werten. Mit Strahlenschutz hat das alles nichts zu tun, denn der liebe Gott hielt sich bei der Erschaffung der Welt offensichtlich nicht an die Empfehlungen der Internationalen Strahlenschutzkommission (ICRP).

Doch in sämtlichen zivilisierten Ländern gibt es genaue Vorschriften darüber, welcher Stoff auf welche Weise wie stark strahlen darf, um als gesundheitlich unbedenklich zu gelten. Diese Grenzwerte sind das Ergebnis eines mitunter ziemlich faulen Kompromisses zwischen Wissenschaft und Politik; sie werden willkürlich festgelegt, weil es strahlenbiologisch keine absoluten Grenzen gibt. Alle Organismus sind verschieden, und stets kommt es auf die Umstände im einzelnen an. Der Gesetzgeber braucht hingegen feste Vorgaben, sonst leidet die Rechtssicherheit.

Milch enthält von Natur aus ein radioaktives Kalium-isotop, das im Durchschnitt 100 Becquerel je Liter auf den Zähler bringt. Nach dem Reaktorunfall in Tscher-nobyl, als ein anderer radioaktiver Stoff, nämlich Jod-131, vom Himmel regnete, wurde der international gängige Grenzwert von 3700 Bq/l (Becquerel pro Liter) um der größeren Aufregung willen flugs herabgesetzt: In Finn-land waren nur noch 2000 Bq/l zulässig, in Deutsch-land 500, in Österreich 74 und in Hessen 20. Der Wert von 20 Becquerel entsprach also einem Fünftel der ohnehin in jedem Liter Milch vorhandenen natürli-chen Aktivität. Daraus folgte logischerweise, daß der gesamte Kuhsaft zu vernichten war.

Die größte Vernichtungsaktion von Nahrungs- und Futtermitteln in der deutschen Geschichte hat rund 452 Millionen Mark gekostet. Sie betraf nicht nur Milch, sondern fast alle landwirtschaftlichen Produkte, die im Sommer 1986 unter freiem Himmel gewach-sen und entstanden waren. Und sie war im Grunde völlig überflüssig. Zum Beispiel galt auch die bei der Käseherstellung anfallende, zur Kälbermast verwen-dete Molke als »verseucht«. Sie enthielt verschiedene Cäsiumisotope, die bewirkten, daß das Molkenpulver eine Aktivität von 5000 Bq/kg aufwies.

Die Zahl löste Alarm aus. In jenen Sommermo-naten fachsimpelten die Medien über jedes Becque-rel. Da die alte Rechnungseinheit Curie gerade abge-schafft worden war und die neue gleich neun Nullen mehr besaß, stieg auch die öffentliche Entsetzens- und Entrüstungsaktivität stark an. Was 5000 Becquerel pro Kilogramm tatsächlich bedeuten und bewirken, spielte so gut wie keine Rolle, Hauptsache, ein angeblicher Experte hatte irgendwelche Warnungen ausgestoßen. Selten wurde die wissenschaftliche Kompetenz solcher Experten von Journalisten kritisch überprüft; nie kamen andere zu Wort, die der irrationalen Angst entgegentraten.

So nahm die Sache ihren Lauf. Zu den Verheerungen der Tschernobyler Strahlenwolke zählte fortan auch die Strahlenmolke: Niemand wollte das Zeug haben, nicht einmal zu Dumpingpreisen. 5000 Tonnen davon gab es, sie wurden, in Papiersäcken verpackt, wochenlang in Güterzügen durch die Republik gefahren. Dann wurden sie beschlagnahmt und bei der Bundeswehr in Meppen (Niedersachsen) sowie Straubing (Bayern) eingelagert. Die hohe Politik nahm sich des Falles an und ließ aus Bundesmitteln im stillgelegten Kernkraftwerk Lingen eine Anlage bauen, mit der das Pulver »entseucht« werden sollte. Elftausend Lingener protestierten zwar gegen die Behandlung der sowieso harmlosen Substanz in ihrer Gemeinde, doch bis zum Dezember 1990 waren die 200 000 Säcke Molke derart dekontaminiert, daß man sie endlich verkaufen konnte. Der Erlös betrug 600.000 Mark, die Kosten lagen bei 70 Millionen Mark. Die Molkewaschanlage wurde anschließend als

Schrott verkauft, da die Sowjetunion sie nicht einmal geschenkt haben wollte.

Mit der Molke, resümierte der Strahlenbiologe Professor Albrecht Kellerer von der Universität München, »verschwand der letzte Rest der Verhältnismäßigkeit in der Reaktion auf eine technische Katastrophe. Wird die Bevölkerung einmal so aufwendig vor dem millionsten Teil der natürlichen Strahlenexposition geschützt, so wird nie mehr irgendeine Technik (…) gerechtfertigt sein.« Doch als er diese Sätze schrieb, war das Abenteuer Atommolke noch längst nicht ausgestanden.

Bei dem milchverarbeitenden Großbetrieb Meggle im Allgäustädtchen Wasserburg hatte man noch zehn Jahre nach der Explosion des sowjetischen Kernreaktors Sorgen mit der Entsorgung eines »verstrahlten« Kontingents von 1900 Tonnen. Es handelte sich um weniger »belastetes« Molkenpulver aus dem Winter 1986/87, als die Bauern den zweiten Schnitt von nachtschernobylischem Heu verfütterten. Die Cäsium-137-Aktivität des Molkenpulvers lag knapp über oder sogar unter der amtlichen Verkehrsfähigkeitsgrenze von 1850 Bq/kg. Auf Wunsch des bayerischen Umweltministeriums nahm die Firma den Stoff auf Lager, was jedes Jahr Kosten von mindestens 100.000 Mark verursachte.

Im Frühjahr 1996 war die Radioaktivität auf 1200 Bq/kg abgeklungen, und man hätte das inzwischen steinhart gewordene Pulver mahlen und verfüttern können. Doch an eine solche Verwendung war angesichts der besonderen Sensibilität der Bevölkerung in bezug auf ionisierende Strahlung nicht zu denken, und »der Vorschlag, die Molke nach Afrika zu exportieren, rief einen Sturm der Entrüstung hervor«. Der Stoff war also nur noch Müll. Aber was für Müll? Man hätte ihn auf Feldern und Wiesen verstreuen können und wäre dabei weit unter den von jedem handelsüblichen Dünger erreichten Werten geblieben: Das in Phosphat enthaltene Uran-238 strahlt immerhin mit einer Intensität von bis zu 9200 Bq/kg. Allein, auch dies war »mit der Bevölkerung nicht zu machen«, wie die Geschäftsleitung wußte.

Eine Entsorgungspflicht für den Staat bestand andererseits auch nicht, denn als Gefahrengut hätte das Molkenpulver nach den Strahlenschutzbestimmungen erst ab einer vierzigmal stärkeren Cäsium-137-Aktivität, nämlich 50 000 Bq/kg, gegolten. Um ganz sicherzugehen und jeden Anstoß zu vermeiden, beschloß die Firma, ihr Produkt in die bayerische Sondermüllverbrennungsanlage Ebenhausen zu geben (Kosten: zwei Millionen Mark). Flugs bildete sich dort eine Bürgerinitiative, die mit 5000 Unterschriften den Plan zu vereiteln suchte. Der Umweltminister reiste an und versuchte auf einer vierstündigen Diskussionsveranstaltung vergeblich, die Ebenhausener davon zu überzeugen, daß bei der Verbrennung eines an sich schon ungefährlichen Stoffs in einer mit besonderen Filtern ausgerüsteten Anlage wirklich kein Radiocäsium in die Luft gelangt. Man glaubte weder ihm noch den ebenfalls anwesenden Fachleuten.

Wissenschaft und Glaubenskraft

Das Tamtam um die Strahlenmolke war eine Burleske, verglichen mit dem Trauerspiel der sonstigen Tschernobyl-Folgen hierzulande. Wie zielstrebig und konsequent dabei die Medien das Volk hysterisierten, wurde beim zehnten Jahrestag des Unglücks im Frühjahr 1996 noch einmal überdeutlich, als Presse, Funk und Fernsehen nicht nur die damalige Panik lustvoll und eindrucksstark vergegenwärtigten, sondern auch mit krassen Falschmeldungen Stimmung machten. Die Lust an der Katastrophe war, zehn Jahre danach, eine doppelte: Sie entsprang dem Übermut der Davongekommenen sowie dem rechthaberischen Hochgefühl der eingeschworenen Atomkraftgegner. Die Katastrophenlust durchtränkte all die kommemorativen Texte und spiegelte sich noch in der Wut, mit der sachliche Informationen über die Strahlenwirkung unterdrückt wurden.

So hatte die deutsche Strahlenschutzkommission im Februar 1996 einen Bericht vorgelegt, der an den Journalisten einfach abprallte, weil er der gängigen Nachrichtengebung widersprach. Darin heißt es zum Beispiel: »Mögliche gesundheitliche Effekte für die

Bundesrepublik Deutschland sind vielfältig nach der Reaktorkatastrophe diskutiert worden. So sind Berichte über die Erhöhung von Mißbildungen, Sterberaten bei Frühgeborenen und genetische Effekte (Mongolismus) veröffentlicht worden. Eine sorgfältige Überprüfung dieser Daten hat aber ergeben, daß gesundheitliche Effekte bei der Bevölkerung in Deutschland durch die Strahlendosen, die durch die Reaktorkatastrophe in Tschernobyl verursacht wurden, nicht festzustellen sind. Dieses gilt auch für Krebserkrankungen bzw. Krebstodesfälle. Aufgrund der strahlenbiologischen Erkenntnisse und klinischen Erfahrungen mit ionisierenden Strahlen waren bei den aufgetretenen Strahlendosen derartige Effekte auch nicht zu erwarten.«

In der Tat hatten die Wissenschaftler ausgerechnet, daß die Bevölkerung der Bundesrepublik durch den Reaktorunfall im Lauf der nächsten 50 Jahre eine Gesamtstrahlendosis aufnehmen wird, die knapp dem Wert entspricht, dem jeder Durchschnittsbürger jedes Jahr ohnehin ausgesetzt ist – von Flugreisenden, die sich der Höhenstrahlung aussetzen, ganz zu schweigen. Man kann diese Forschungsergebnisse natürlich bestreiten, und eifrigen Journalisten gelingt es immer, irgendwo einen Wissenschaftler aufzutreiben, der allen Kollegen widerspricht. Doch eine getreue Darstellung der fachlichen Diskussion fand und findet in den Medien nicht statt. Ungerührt tischte RTL noch Wochen nach Erscheinen des Berichts der

Strahlenschutzkommission in einer Fernsehdokumentation, die in Zusammenarbeit mit sechs Sendern in Japan, Polen, Schweden, Weißrußland, Frankreich und der Ukraine entstand, die längst als unzutreffend erledigte Mär von den durch Tschernobyl verursachten Erbschäden bei Berliner Kindern auf.

»Durch mehrere vergebliche Versuche in der Vergangenheit nicht gänzlich entmutigt«, schrieb der Berliner Professor Klaus Becker in einem Leserbrief an die *FAZ*, möchte er der Stimme der Vernunft Ausdruck zu verleihen. Was folgte, war selbst für gut informierte Zeitungsleser, Fernseher und Radiohörer neu und erstaunlich: In den »verstrahlten Gegenden« der ehemaligen Sowjetunion seien bisher (April 1996) 28 Personen an akutem Strahlensyndrom verstorben, »möglicherweise auch ein oder zwei von etwa 700 Schilddrüsenkarzinomfällen, die im übrigen zu 90 bis 95 Prozent permanent heilbar sind«. Und eine Erhöhung der Sterblichkeit unter den »Liquidatoren«, jenen unmittelbar nach dem Unfall zum Aufräumen in das Sperrgebiet geschickten Soldaten und Arbeitern, sei »ebenfalls weder beweisbar noch aufgrund der Dosiswerte wahrscheinlich«.

Der Gegensatz zwischen dieser Aussage und allen früheren Meldungen über das Thema konnte krasser nicht sein. Noch ein Jahr zuvor hatte der ukrainische Gesundheitsminister die atemberaubende Zahl von 125 000 Strahlentoten ausgegeben, die ein

Kommentator der *Süddeutschen Zeitung* sogar noch auf 180000 erhöhte. Der niedersächsische Ministerpräsident Gerhard Schröder behauptete in einer Fernsehsendung: »In Weißrußland besteht die Gefahr, daß eine ganze Generation von Kindern stirbt als Folge des Unglücks in Tschernobyl.« Andere Quellen lieferten andere Zahlen: 5000, 7000 oder 20000 Tote.

In jedem Falle war die Diskrepanz enorm, und die Journalisten hätten allen Grund gehabt, den Unstimmigkeiten nachzugehen und sich die Hintergründe des gesamten Datenmaterials von qualifizierten Fachleuten darlegen zu lassen. Von Professor Becker hätten sie dann beispielsweise erfahren, daß es sich bei den 125000 ukrainischen »Strahlenopfern« schlicht und einfach um die Gesamtzahl der in den betroffenen Gegenden seit 1986 verstorbenen Menschen handelt und daß diese Zahl sogar etwas unter den deutschen Vergleichswerten liegt. Sie hätten erfahren, daß in der hochbelasteten Gomel-Region während der letzten acht Jahre vor dem Unfall 100 Leukämiefälle, in den acht Jahren danach 103 registriert wurden – ein Anstieg, der innerhalb der normalen statistischen Schwankungsbreite liegt und daher überhaupt nicht interpretierbar ist. Sie hätten außerdem erfahren, daß in den am stärksten kontaminierten Bezirken der Ukraine zwischen 1988 und 1993 fünfzehn Kinderleukämiefälle aufgetreten sind; nach den Durchschnittswerten vor dem Unfall wären dreizehn zu erwarten gewesen.

Aber von einem Professor Becker wollten die Journalisten grundsätzlich nichts wissen. Und in diesem Grundsatz steckt das Grundproblem: Nach einem Vierteljahrhundert soziologisch zugerichteter »Wissenschaftskritik« in Deutschland sind Repräsentanten des naturwissenschaftlich-technischen Forschungsbetriebs in der öffentlichen Meinung zu Generalverdächtigen geworden. Klaus Becker, seit 1975 Geschäftsführer des Normenausschusses Kerntechnik im Deutschen Institut für Normung, gilt »kritischen« Journalisten natürlich als ein Vertreter der Atomlobby par excellence. Sein Wissen – geschweige denn seine Meinung – ist daher nicht gefragt, genausowenig wie das der übrigen Koryphäen der Strahlenbiologie oder der Kerntechnik.

Statt dessen floriert in der medialen Aufbereitung der Materie die pure Scharlatanerie. Allein die Liste der nach dem GAU von Tschernobyl aktiv gewordenen und zum zehnten Jahrestag von der *Frankfurter Rundschau* als »wichtigste Informationsadressen« empfohlenen Vereine und Verbände gibt hinsichtlich ihrer szientifischen Qualifikation zu denken: Heinrich-Böll-Stiftung, Netzwerk Friedenskooperative, Aktionsgemeinschaft Friedenswoche, Bundesinfostelle der Initiativen gegen Atomanlagen, Leben nach Tschernobyl e.V., Mütter gegen Atomkraft ... Nach dem Zusammenbruch der Kommunikation zwischen Sachverständigen und Laien haben im öffentlichen

Diskurs eindeutig die Laien das Sagen. Daß dies auf die Dauer nützlich sei, ist nicht unbedingt anzunehmen.

»Wem soll man glauben?« fragte ein (anderer) Kommentator der *Süddeutschen Zeitung*, nachdem die deutsche Strahlenschutzkommission unter ihrem Vorsitzenden Professor Christian Streffer gegen die willkürliche und politisch motivierte Zahl von 125 000 »Strahlentoten« Einspruch erhoben hatte. Doch die Frage blieb rhetorisch, da Streffer wohl zu jenen anrüchigen Fachleuten gehört, die im selben Kommentar als die »Verharmloser in der Atomindustrie der ehemaligen Sowjetunion und die ihnen Gleichgesinnten in Deutschland« apostrophiert wurden. So ist es immer – entweder man berichtet von vornherein nur darüber, was die eine Seite kundtut, oder wenn es sich einmal gar nicht vermeiden läßt, auch die Stimme wissenschaftlichen Zweifels zu berücksichtigen, dann deckt man sie mit moralischer Empörung ein: »Ein zynisches Zahlenroulette«, heißt es dann, würden die Wissenschaftler veranstalten, und: »Wissenschaftler sind an der herrschenden Verwirrung nicht unschuldig.« Ein Leserbriefschreiber der *Süddeutschen Zeitung* wünschte sogar, es sollte – wie beim Holocaust – strafbar sein, die Zahlen der Strahlentoten und Geschädigten nach der Tschernobylkatastrophe anzuzweifeln.

Spalten und Risse

Der zehnte Jahrestag des Reaktorunglücks von Tschernobyl im Frühling 1996 warf seine Schatten weit voraus. Noch ehe sich Politiker und Umweltschützer in deutschen Städten und Gemeinden mit der Frage auseinandersetzten, auf welche Weise des Ereignisses am besten zu gedenken sei – Traktor-Sternfahrt oder Verkehrsstillstand, Glockenläuten, Benefizkonzerte oder Demonstrationen? –, bereiteten die Medien eine springflutartige Berichterstattung vor: Keine Fernsehanstalt gab es, die nicht mehrere Sondersendungen ins Programm genommen, und keine Zeitung, die nicht gleich etliche Seiten dem Thema gewidmet hätte.

Um all die vielen Programmplätze plangemäß zu füllen, schwärmten Heerscharen von Journalisten beizeiten in die betroffenen Regionen Weißrußlands und der Ukraine aus und ließen sich durch die »verstrahlte«, »verseuchte« und angeblich menschenleere »30-Kilometer-Zone« karren. Für die Ukraine erwies sich dieser Reportertourismus als willkommener Devisenbringer: Allein der Eintritt in das Sperrgebiet kostete pro Person und Tag 200 Dollar in bar; bei einem dreiköpfigen Fernsehteam ergab das in zwei Tagen immerhin 1200 Dollar. Für die Genehmigung eines Überflugs mit Helikopter waren noch einmal 1200 Dollar zu bezahlen.

Bei der staatlichen Agentur Tschernobyl-Inter-Inform herrschte wochenlang Hochbetrieb, um die zumeist westlichen Besucher zu leiten, zu begleiten und mit Informationen zu versorgen. Doch die sogenannten Informationen hatten es in sich: Sie bestanden hauptsächlich aus Widersprüchen, Ungereimtheiten und Propaganda. Wer sich dem Pilgerzug anschloß und das Geschehen aufmerksam verfolgte, der konnte zweierlei feststellen: Erstens, es gab überhaupt keine verläßlichen Statistiken über Anzahl, Verbleib und Gesundheitszustand der Menschen, die in den betroffenen Gebieten lebten oder leben; kein einziges Mal stimmten zwei von verschiedenen Stellen gemachte Angaben über dieselbe Sache überein. Zweitens, die wissenschaftlich-technischen Kenntnisse der allermeisten Journalisten, die sich auf diese Tschernobyl-Berichterstattung vor Ort einließen, waren minimal; folglich waren auch die in Interviews und auf Pressekonferenzen gestellten Fragen in der Regel unqualifiziert.

Der Fallout dieser Kenntnislosigkeit schlug sich in allen Medien nieder; die Fehlinformationen bildeten selbst eine kritische Masse. Schon die in unzähligen Artikeln erwähnten »Spalten und Risse«, die den »Sarkophag« (die Betonhülle des explodierten Reaktors Nr. 4) angeblich durchziehen, zeugten von geringem Sachverstand: Spalten sind konstruktiv bedingt, Risse entstehen durch Belastung. Die von jedem Betrachter leicht zu erkennenden Spalten in den Betonwänden dienen in der Tat dem Zweck, die Wärme abziehen zu lassen. Um die Verwirrung der Leser, Zuschauer und Hörer noch zu steigern, erschienen dosimetrische Angaben stets kunterbunt in allen möglichen Maßeinheiten, gesetzlich oder nicht: Mal wurde in Rem, mal in Millisievert, mal in Mikroröntgenstunden gerechnet. Genauso achtlos wurden die monströsesten Zahlen in bezug auf den Gesundheitszustand der Bevölkerung referiert und obskure neue Krankheiten wie »Atom-Aids« oder »chronische Strahlenkrankheit« postuliert, deren Bezeichnungen jeder strahlenbiologischen Grundlage entbehren.

Was jeder Besucher sehen konnte, war indes, daß es der Bevölkerung generell nicht gut geht. Schlechte Ernährung, Vitaminmangel, Alkoholismus und andere Folgen der Armut – bis hin zu einer erschreckend hohen Selbstmordrate – wurden aber von den nur auf Strahlenfolgen fixierten Presseleuten kaum in die Berichterstattung einbezogen. Das gilt erst recht für die Effekte des seit dem Unfall unternommenen medizinischen Diagnoseaufwands: Nachdem große Teile der Bevölkerung in der Zeit nach der Reaktorkatastrophe erstmals gründlich untersucht wurden, war gar nichts anderes zu erwarten als der traurige Befund, daß ein hoher Prozentsatz nicht gesund im Sinne der WHO-Definition ist. Nur: dasselbe trifft auch auf viele andere Gebiete der ehemaligen Sowjetunion zu, die von jeder Tschernobyl-Strahlung verschont geblieben sind.

Die grelle Unverhältnismäßigkeit zwischen der tatsächlichen Bedeutung eines Phänomens und der Aufmerksamkeit, die es bei Journalisten findet, wurde mit dem Herannahen des Gedenkdatums immer dramatischer. Als dann drei Tage vorher in der Sperrzone zwei Feuer ausbrachen, waren die Medienleute ganz aus dem Häuschen. In der Nähe der Dörfer Towsti Lis, 35 Kilometer von Tschernobyl entfernt, und Nowoschepelitschi, nördlich von Pripjet, brannten ein paar Hektar Wiese. Für die dortige Feuerwehr gehörte der Einsatz zur Routine. Aber die Nachrichtenagenturen versorgten die ganze Welt stündlich mit Bildern und Berichten. Eine durchreisende Gruppe deutscher Umweltschützer der Heinrich-Böll-Stiftung konnte sogar »den Rauch sehen und riechen« – das war der Deutschen Presse-Agentur natürlich eine Meldung wert. Da die Experten eine Gefährdung der Bevölkerung durch freiwerdende Radioaktivität infolge der Brände einhellig abstritten, zitierte Associated Press (AP) lieber die Meinung einer 32jährigen Verkäuferin in Kiew: »Ich fühle die Gefahr überall«, sagte sie der weltweit größten Nachrichtenagentur.

Bei soviel Gewissenhaftigkeit ist es kein Wunder, daß die Agenturen gleichzeitig, nämlich am 25. und 26. April 1996, lauter verschiedene Zahlen von Toten nannten: Laut dpa »hat die Ukraine etwa 2500 mit

Tschernobyl verbundene Todesfälle gezählt«; Reuters meldete: »Nach Angaben der ukrainischen Behörden starben 4300 Menschen an den direkten Folgen des Unfalls«; AP zufolge gab es »150 000 Todesfälle in der Ukraine, die direkt auf den Unfall zurückzuführen sind«. Der Münchner Strahlenmediziner Professor Eduard Lengfelder, dessen Beliebtheit bei den Massenmedien in umgekehrt proportionalem Verhältnis zu seiner wissenschaftlichen Publikationstätigkeit steht, schlug einen Kompromiß vor: 25 000 Tote.

Am zehnten Jahrestag des Unglücks von Tschernobyl schlug die Stunde der Statistiker. Doch Statistik ist eine mathematische Disziplin; zu den Stärken der meisten Journalisten zählt sie nicht. Multipliziert man beispielsweise sehr kleine Strahlenrisiken mit sehr großen Bevölkerungsmengen, kann man zwar für ganz Europa etliche tausend Krebsfälle errechnen, doch sind solche Hochrechnungen prinzipiell weder beweis- noch widerlegbar. Sie gehen nämlich von der unter Wissenschaftlern umstrittenen Annahme aus, daß sich bei der Verdünnung der Radioaktivität die Wirkung nicht verändert, sondern lediglich die Häufigkeit der Folgen linear abnimmt. Das heißt, aus der Tatsache, daß die Bestrahlung von 100 Personen mit einer Strahlendosis von ein Sv (Sievert) in der Regel einen tödlichen Krebsfall verursacht, läßt sich keineswegs schließen, daß eine Dosis von 0,001 Sv (ein Millisievert) einen Krebstoten unter 100 000 Menschen fordert.

Das Hoch- und Niederrechnen von Katastrophenschäden folgt natürlich auch politischem Kalkül: Dabei steht der »Atomlobby«, die sicherlich nicht dazu neigt, die Risiken der Kerntechnik zu überschätzen, eine andere Lobby gegenüber, die Gutachten, Meßgeräte und Solartechnik verkaufen will. Von freihändig aufgestellten Schadensvermutungen, Befürchtungen und Behauptungen des Typs »Es läßt sich nicht ausschließen, daß ...« leben mittlerweile Forschungsinstitute in stattlicher Anzahl. Doch vielen Journalisten ist anscheinend noch nicht aufgefallen, daß es neben den von ihnen ständig denunzierten »Vertuschern« auch professionelle »Aufbauscher« der Wirkungen von ionisierender Strahlung gibt.

Letztere konnten sich im Wintersemester 1995/96 sogar akademisch fortbilden. An der Bauhaus-Universität in Weimar hatte ein Projekt des Studiengangs Visuelle Kommunikation folgendes Thema: »Öffentlichkeit schaffen für die tickende Zeitbombe Tschernobyl«. Die Studenten sollten unter der Leitung von Professor Werner Holzwarth, ehemals Geschäftsführer einer Werbeagentur, eine »Social-Marketing-Kampagne« entwickeln, die geeignet wäre, Druck auf Politiker auszuüben. So entstanden acht Zeitschriftenanzeigen und sechs Werbefilme, die sogar mehrfach im deutschen Fernsehen gezeigt wurden – Filme, deren Ziel und Zweck wie bei jeder Reklame in reiner Agitation bestand. Professor Holzwarth war von seinen Studenten begeistert: Sie waren »so aufgeladen, daß sie am liebsten gleich mit Kampagnen gegen die gesamte Atomlobby angefangen hätten«.

Foto-Fake mit Fetus

Eine Woche vor dem Tschernobyl-Jahrestag wartete das Magazin der *Süddeutschen Zeitung* mit einer zehn Seiten langen »Bildstrecke« auf, die einige dramatische Momente des Reaktorunglücks zeigte – authentische Aufnahmen eines tollkühnen Photoreporters namens Igor Kostin, der in leitender Stellung bei der sowjetischen Presseagentur Novosti beschäftigt war. Die Bilder kamen auf einem merkwürdigen medialen Mäanderweg ins Blatt, was die Tatsache erklärt, daß sie technisch recht mangelhaft erscheinen, obwohl sie von einem Profi stammen. Und zwar hatte Alexander Kluge den Photographen für eine seiner DCTP-Sendungen interviewt und dabei auch dessen Dokumente abgefilmt. Interview und Bilder verarbeitete Kluge sodann zu einem Buch, das im April 1996 unter dem Titel *Die Wächter des Sarkophags* erschien. Die Vorab-Publikation einiger dieser Photos in aktuellen Magazinen wie demjenigen der *Süddeutschen Zeitung* oder der Wochenendbeilage des Wiener *Standard* war wiederum eine Nebenverwertung des Buchs.

Mit sicherem Gespür für Schockwirkung setzten die Beteiligten ans Ende der im *SZ-Magazin* gedruckten

Folge von sieben Farbaufnahmen die doppelseitig aufgemachte Großansicht eines menschlichen Fetus, der in einer Erwachsenenhand liegt. Die dazugehörige Bildunterschrift war denkbar knapp, doch um so eindrucksvoller: »Fehlgeburt. Die Verkümmerungen sind Folge radioaktiver Verseuchung.« Die gleiche Behauptung wurde im Buch erhoben, wo dasselbe Bild, sechzehnmal kleiner und in Schwarzweiß, reproduziert war. Erschüttern konnte der Anblick dieser »Fehlgeburt« allemal – zumindest jenen Teil des Publikums, der nicht in der Gynäkologie tätig und an das bizarre Aussehen von Feten und Embryonen nicht gewöhnt ist. Das tierschnauzenartige Gesicht, die übergroßen Augenhöhlen, die dürren, wie verkrüppelt wirkenden Gliedmaßen, der grotesk gewölbte Leib – alles an diesem kaum mehr als zeigefingerlangen Wesen war dazu angetan, bei einem fachkenntnislosen Betrachter die Verbindung »Fehlgeburt – Verkümmerungen – Strahlenfolgen« als evident zu etablieren.

Dabei war größte Skepsis angebracht, nicht nur wegen des Fehlens jeglicher Orts- und Zeitangabe, sondern vor allem, weil für Experten gar keine »Verkümmerungen« zu erkennen waren. Der drei Monate alte männliche Fetus besaß alle vier Extremitäten und war, soweit sich das trotz der Unschärfe der Aufnahme ausmachen ließ, auch sonst nicht mißgebildet. Auch der Freiburger Pädopathologe Professor Norbert Böhm, der in Deutschland führend bei der Untersuchung vorgeburtlicher Schäden ist, vermochte auf dem ihm vorgelegten Photo keine Anomalie zu sehen. Keinesfalls, erklärte er, decke das Bild die Aussage, daß es sich um eine Fehlgeburt mit Verkümmerungen infolge radioaktiver Verseuchung handele. Gerade die Erforschung der Ursachen von Mißbildungen ist ein äußerst schwieriges Unterfangen. Denn bei Mißbildungen läßt sich wie bei Krebs die Behauptung von Strahlenfolgen nur im epidemiologischen Vergleich erhärten. Es gibt aber keine verläßlichen Daten, die einen Anstieg der Mißbildungshäufigkeit nach dem fatalen Apriltag des Jahres 1986 in Weißrußland und der Ukraine ausweisen.

Was also trägt das bis zur Unkenntlichkeit vergrößerte Photo einer toten Leibesfrucht, dargeboten auf einer Farb-Doppelseite des angesehenen *SZ-Magazins*, zur Aufklärung über die Atomkraft bei? Die Frage scheint Alexander Kluge jäh durchzuckt zu haben, als ihn die Bitte um nähere Angaben zu Herkunft und Zustandekommen dieses Bilds erreichte. Leider, so teilte er mit, habe er seit anderthalb Jahren keinen Kontakt mehr mit dem Photographen Kostin in Kiew gehabt und auch gegenwärtig (im Mai 1996) sei es ihm nicht möglich, ihn zu erreichen. Allerdings könne einzig Kostin Auskunft geben, wann und wo die Aufnahme entstanden sei, denn er selbst, erklärte Alexander Kluge, sei »nicht auf die Idee gekommen, [sich] da abzusichern«.

So kommt es, daß ein unscharfes Photo, von dem niemand weiß, was darauf eigentlich abgebildet ist, unter der Firma eines renommierten Schriftstellers und Filmemachers als dokumentarisches Beweisstück für eine These durchgeht, die allen wissenschaftlichen Erkenntnissen und Feststellungen widerspricht. Greenpeace mußte 1994 immerhin eine Anzeige zurückziehen, auf der ein Kind mit einem Wasserkopf abgebildet war und die Behauptung stand, dies seien Folgen von sowjetischen Atomversuchen in Kasachstan. Die englische Advertising Standards Authority hielt dagegen, daß Atomversuche alle möglichen genetischen Schäden bewirken könnten, aber keine Wasserkopf-Mißbildungen. Die in der Reklamebranche übliche Vorsicht bei der Verwendung schriller Sätze zu schrillen Bildern scheint jedoch im Falle »dokumentarischer Berichterstattung« keineswegs üblich zu sein. Statt sich in einer so heiklen Angelegenheit doppelt und dreifach zu versichern, setzten Kluge und die Redaktion auf die ästhetische Suggestion. Da hat sogar die Unschärfe des Photos eine Funktion: vermittelt sie doch die flirrende Atmosphäre des Grauens und die Hektik des verbotenen Blicks.

Dabei bestand, als der Reporter Igor Kostin diesen Fetus knipste, zur Hektik gar kein Grund. Die »Fehlgeburt«, wenn es denn eine war (und keine Abtreibung), ereignete sich vier Jahre nach der Reaktorexplosion. Kostin, der übrigens in Kiew ganz leicht zu erreichen ist, wenn man nur seine Telephonnummer wählt, gibt zu dem Photo aber noch eine viel interessantere Auskunft: es handele sich nicht um eine mißgebildete Fehlgeburt, und nicht Strahlenschäden, sondern die Sozialmisere hätte den Abort verursacht. Damit ist Alexander Kluges Tschernobyl-Berichterstattung nicht nur extremer Nachlässigkeit überführt, man muß sie mit dem Prädikat »Fälschung« belegen.

Zweifelsohne gab es in den Monaten und Jahren nach der Reaktorkatastrophe Fehlgeburten, Abtreibungen sowie Mißbildungen in der engeren und weiteren Umgebung von Tschernobyl. Die Wahrheit ist, daß es sie auch vor dem Unfall gab. Nur wenn eine statistisch signifikante Erhöhung solcher Vorkommnisse nachweisbar wäre, könnte man gerechtfertigterweise von »Folge der Strahlung« sprechen. Dies ist nicht der Fall und nach den in Hiroshima und Nagasaki gewonnenen strahlenbiologischen Erfahrungen angesichts der in Tschernobyl freigesetzten Dosis auch nicht zu erwarten. Aber das stumme Bild einer persönlichen Katastrophe (der tote Fet), und Kluges beredte Erinnerung an sein persönliches Erleben (»Wo bekommt man Milchpulver her, das garantiert aus der Zeit stammt, bevor der Regen kam?«) lassen jede rationale Überlegung schal und faul erscheinen. So entsteht mit Leichtigkeit eine Bild-Legende.

Kluge, auf die Fragwürdigkeit dieser visuellen Sensation angesprochen, gibt inzwischen zu, »daß man eine Distanz dazu hätte einbauen können im Text«. Daß er sich allerdings scheut, zu diesem Thema selber Kostins Auskunft einzuholen, und den Kontakt mit dem Photographen als unmöglich hinstellt, hat einen durchaus banalen Grund: Der deutsche Filmemacher hat den ukrainischen Reporter über die Verwendung seiner Photos in Buch-, Zeitungs- und Zeitschriftenpublikationen gar nicht unterrichtet, geschweige denn um Erlaubnis gebeten. Kostin, der nur zufällig davon erfuhr, war außer sich und kündigte an, wegen der Urheberrechtsverletzung Klage gegen Kluge einzureichen.

Shell brennt, Esso spart – Greenpeace macht Politik

Als im Frühsommer 1995 die schrottreife Ölplattform Brent Spar in den 2000 Meter tiefen Wassern des Atlantiks versinken sollte, bildete sich in Deutschland eine ganz und gar außergewöhnliche Koalition: Der Protest gegen die Versenkung reichte von den Republikanern zur PDS, von der Katholischen Arbeitnehmerbewegung bis zum Evangelischen Kirchentag, vom Deutschen Hebammenverband bis zum Strumpfhosenhersteller Kunert, vom Bundestag bis zu »autonomen Gruppen«, von Harald Juhnke bis zu Bärbel Bohley. Kurz: Die Deutschen waren »ein einig Volk von Umweltschützern«. Eine Überlebensfrage der Menschheit, erläuterte der Vorsitzende des Bundes für Umwelt und Naturschutz, Hubert Weinzierl, für die *Passauer Neue Presse,* könne nur im Konsens gelöst werden und dürfe darum nicht in »kleinkarierter Parteipolitik« verkommen.

Was die Deutschen im Mai und Juni 1995 so unversehens bewegte, hatte eine jahrelange Vorgeschichte. Die Brent-Spar-Anlage hatte von 1976 bis 1978 in der Nordsee als schwimmender Rohölspeicher gedient. Das im britischen Brent-Feld geförderte Öl war zunächst in diesen Spar-Kessel gepumpt und von dort aus per Tanker zu den Raffinerien an Land transportiert worden. Eine Pipeline von den Förderanlagen in der Nordsee zu den Shetland-Inseln hatte das Zwischenlager überflüssig gemacht. Seit 1991 hatte Shell als Betreibergesellschaft der Brent Spar nach einer Entsorgungsmöglichkeit gesucht. In über 30 Gutachten waren vom Verkauf bis zur Demontage an Land alle denkbaren Varianten untersucht worden. Nach Berücksichtigung der technischen, ökologischen und finanziellen Aspekte hatte sich Shell für die Versenkung in der Tiefsee entschieden. Eine entsprechende Genehmigung wurde bei der britischen Regierung beantragt und erteilt. Die Öffentlichkeit wurde über die Gutachten und den Entscheidungsprozeß unterrichtet. Die britische Regierung informierte die übrigen Länder der europäischen Union von der geplanten Maßnahme. Keine Regierung erhob Einspruch.

Im Februar 1995 bat Greenpeace bei Shell um Einsicht in die Unterlagen. Die Umweltschützer hatten einen Monat zuvor von der keineswegs heimlich geplanten Versenkung erfahren. Bei der Geschäftsleitung von Shell meldete Greenpeace zunächst keine Bedenken gegen das Vorhaben an. Intern stritten die Umweltschützer noch über die Art ihres Vorgehens. Der Flügel der »alten Haudegen« um die Kampagnenleiter Ulrich Jürgens und Harald Zindler versuchte den Rest der Organisation davon zu überzeugen, daß mit einer spektakulären Besetzung der Ölplattform am meisten zu gewinnen wäre. Der wissenschaftlich arbeitende Flügel von Greenpeace, vor allem die Mitarbeiter der »Berliner Chemikalienkampagne«, zeigte sich skeptisch. Einige nationale Greenpeace-Büros, darunter das US-amerikanische, lehnten die Aktion rundheraus ab. Den Umweltexperten bei Greenpeace war die kontinuierliche Arbeit wichtiger, als die grelle, einmalige Aktion. Den Ausschlag zugunsten der Aktionisten gaben die Öffentlichkeitsabteilung und die sogenannten Fundraiser. Die Spendeneintreiber sahen die große Chance, über mediengerechte Bilder neue Sponsoren zu finden. Knapp zwei Wochen vor der geplanten Versenkung sollte die vierte Nordseeschutzkonferenz im dänischen Esbjerg stattfinden. Die Umweltminister der Anrainerstaaten wollten dort über Maßnahmen zum Schutz der Nordsee beraten. Greenpeace setzte darauf, den gelangweilten Konferenzberichterstattern ein paar spannende Bilder zu liefern. Ulrich Jürgens resümierte rückblickend: »Wir waren uns von Anfang an sicher gewesen, daß Brent Spar das große umweltpolitische Thema des Sommers werden würde – darum hatten wir uns organisationsintern so sehr dafür eingesetzt und darauf auch unsere Planung abgestimmt.«

Am 30. April besetzten sieben Regenbogenkämpfer aus Deutschland, den Niederlanden und

Großbritannien in bekannter Überraschungsmanier die Ölplattform. Die Deutsche Presse-Agentur meldete die »Piratenaktion« in überdurchschnittlicher Länge. Die Umweltschützer hätten die »Bohrinsel« sogleich mit Spezialgeräten untersucht und dabei Ölreste, Schwermetalle und radioaktive Sfoffe gemessen. Greenpeace fordere, die »schwimmende Gifmülldeponie« an Land zu entsorgen. Die britische Regierung, so dpa, habe die Genehmigung zur Versenkung »auf hoher See« auf der Basis eines »Gutachtens von Shell« erteilt. Greenpeace befürchte nun, die Versenkung der Brent Spar könne zu einem Präzedenzfall für die 400 übrigen Ölförderanlagen in der Nordsee werden.

Die Medienberichterstattung über die Aktion von Greenpeace begann mit lancierten Falschinformationen. Tatsächlich handelte es sich nicht um eine Bohrinsel, sondern um einen riesigen, bojenartigen Rohölspeicher einzigartiger Bauweise. Die fast 140 Meter hohe Anlage hatte einen Tiefgang von über 100 Metern. Die im Meer (»off shore«) zusammengebaute Konstruktion konnte nicht ohne weiteres an Land geschleppt werden. In einem äußerst riskanten Manöver hätte sie zunächst in eine waagerechte Position gekippt werden müssen. Wegen der Gefahr des Auseinanderbrechens rieten Fachleute von diesem Manöver ab. Der vorgesehene Ort der Versenkung lag 150 Seemeilen nordwestlich der Äußeren Hebriden im Atlantik, also durchaus nicht in der Nordsee, für die sich die deutschen Umweltschützer als besonders zuständig erklärten. Bei dem vermeintlichen Giftmüll auf der Brent Spar handelte es sich hauptsächlich um feste Ablagerungen an den Innenwänden der Rohöltanks. Die Rückstände – vorwiegend Sand, Salze und Ölreste – waren in vielen Gutachten analysiert worden, die Shell bei unabhängigen Wissenschaftlern und Fachleuten in Auftrag gegeben und der britischen Regierung vorgelegt hatte.

Greenpeace hatte erklärtermaßen die Absicht, einer rationalen Erörterung des Brent-Spar-Problems aus dem Weg zu gehen. Kampagnenleiter Ulrich Jürgens formulierte das so: »Wenn du mit Wissenschaftlichkeit argumentierst, bist du immer verloren. Ist doch egal, ob da zehn oder tausend Tonnen Giftschlamm drin sind. Es geht darum, wie eine hochentwickelte Gesellschaft mit ihrem Müll umgeht.« Das Ziel der Aktion war ein Medienspektakel aus purem Eigeninteresse. Die Einnahmen der Umweltschutzorganisation stagnierten oder waren gar rückläufig. Die laufenden Kosten für Personal, Schiffe, Ausrüstung, Büros etc. konnten kaum noch aufgebracht werden. Im Herbst 1994 hatte Greenpeace über 90 Mitarbeiter entlassen müssen. Das Für und Wider der Versenkung von Brent Spar war weniger wichtig als die Bilder vom Spiel David gegen Goliath. Die Fernsehbilder sollten jedem Spender im eigenen Wohnzimmer erreichen und ihm verdeutlichen: Greenpeace tut etwas und zwar stellvertretend für alle umweltbewußten Menschen. Geld kann man nicht essen, versichert der Greenpeace-Slogan, aber sehr wohl spenden. Inwieweit die Anliegen der Umweltschützer berechtigt sind, kann man diskutieren. Außer Frage steht jedoch, daß Greenpeace eine hierarchisch strukturierte Organisation ist, bei der die Entscheidungen von einer kleinen Führungsgruppe getroffen werden.

Während die Medien zu anderen gesellschaftlichen Gruppen wie Gewerkschaften, Wirtschaftsverbänden oder Kirchen in der Regel eine professionelle Distanz pflegen, stellten sie sich im Fall von Brent Spar bereitwillig in den Dienst von Greenpeace. Schon bei der ersten Besetzung der Ölplattform war ein Kamerateam des NDR dabei. Die Bilder von rasenden Schlauchbooten und tollkühnen Kletterern am Stahlkoloß zeigte das Politmagazin *Panorama* am folgenden Tag. Die übrigen Medien brauchten sich nicht benachteiligt zu fühlen. Die Besetzer der Ölplattform versorgten sie mittels modernster Satellitentechnik mit Photos, Fernsehbildern und Interviews.

In den folgenden Wochen verbreiteten die Medien alle möglichen Argumente gegen die Versenkung von Brent Spar, egal wie widersprüchlich diese auch immer waren. So ereiferte sich der *Spiegel,* die Brent Spar solle mit ihrer »höchst umweltschädlichen Ladung« im Atlantik verschwinden. Einen Monat später hieß es im selben Magazin, bei der gefährlichen Ladung handle es sich um eine vergleichsweise »homöopathische Dosis«. Der Leser erfuhr nun, daß selbst Greenpeace nicht bestritt, »daß die Sprengung [und folgende Versenkung] der Brent Spar auf Flora und Fauna des Meeres kaum Einfluß hat«. Der Streit um die Plattform habe »vor allem Symbolcharakter«. Zwischendurch meldeten die Tageszeitungen, Greenpeace habe an Bord der Brent Spar erheblich höhere Giftmengen als von Shell angegeben gemessen. Außer den 100 Tonnen Ölschlamm befänden sich noch 5500 Tonnen Öl in der rostigen Ruine. Warum ein kommerzielles Unternehmen Rohöl im Wert von über einer halben Million Dollar in einer Speicheranlage zurücklassen sollte, fragte sich niemand.

Immer wieder wurde in den Medien die Auswirkung der Versenkung auf die Umwelt diskutiert. Sofern Experten zu Wort kamen, wurde schnell klar, daß die Brent Spar auf dem Meeresgrund allenfalls lokal begrenzte Schäden anrichten würde. Die Gefahr, so konterten dann Umweltschützer und Medienvertreter, liege in der Signalwirkung für andere ausrangierte Ölfördereinrichtungen in der Nordsee. Über 400 Bohrinseln drohte angeblich die baldige Versenkung in der Nordsee. Die Versicherungen von Shell und der britischen Regierung, daß man grundsätzlich an der Entsorgung der Anlagen an Land festhalte, galten als unglaubwürdig.

Sowohl der Ölkonzern als auch die britische Regierung waren für die deutschen Reporter nicht nur Umweltverschmutzer, sondern auch Rechtsbrecher. Die Versenkung der Brent Spar verletze internationale Abmachungen zur Reinhaltung der Meere, wurde in zahllosen Artikeln und Sendungen behauptet. Unaufhörlich wurde das Bild vom braven Deutschen gezeichnet, der ohne Murren seiner Pflicht zum Müllsortieren nachkomme, während gleichzeitig der Ölmulti seinen giftigen Schrott »einfach ins Meer kippe« und damit gegen die »guten Sitten« verstoße. Gleiches Recht für alle, forderten die Medien. Verschwiegen wurde dabei, daß sich sowohl Shell als auch die britische Regierung an alle Gesetze und internationalen Abkommen gehalten hatten. Alle juristischen Versuche von Greenpeace, die Versenkung der Ölplattform zu verhindern, scheiterten. Die Prozesse vor den britischen Gerichten waren gleichwohl kein Thema für die Medien in Deutschland.

Das schlagkräftigste Argument gegen Shell war die vermeintliche Profitgier des Konzerns. Brent Spar solle im Meer versenkt werden, weil dies die billigste Art der Entsorgung sei, hieß es in den Berichten. Als Greenpeace am Rande der Nordseeschutzkonferenz ein von Shell angeblich unterschlagenes Gutachten präsentierte, das die Demontage der Verladeplattform an Land als viel billiger und einfacher als vom Ölkonzern behauptet darstellte, fiel niemandem auf, daß dieser finstere Trick nicht so ganz ins Bild der Profitgier paßte. Welche Motive blieben übrig, wenn Shell trotz preiswerter Entsorgungsmöglichkeit an Land auf der Versenkung im Atlantik beharrte? Die Versenkung, so rechneten deutsche Journalisten unermüdlich vor, komme infolge des Imageverlustes sowieso viel teurer als die umweltfreundlichere Lösung an Land. Als Shell sich auch diesem Argument lange Zeit verschloß, galten die Manager der Firma als »tumb«, »unsensibel« und als »sture Briten«.

Die Vorwürfe gegen Shell waren in sich nicht schlüssig und voller Widersprüche. Die Rollenverteilung beim Hochseetheater war dagegen eindeutig festgelegt: Während Greenpeace stellvertretend für die Umwelt, das Gemeinwohl, ja sogar das Volk agierte, auf jeden Fall aber völlig uneigennützig handelte, ging der Shellkonzern bloß aus niederen Beweggründen, in erster Linie dem Profitinteresse, vor. Gut gegen Böse lieferten sich einen Showdown auf dem Wasser. Die Medien wollten nicht abseits stehen und ergriffen Partei. Die deutschen Kamerateams drängten sich auf dem von Greenpeace gecharterten Schiff »Altair«, um die Scharmützel bei der zweiten und dritten Erstürmung der Plattform aus vorderster Reihe filmen zu können. Ausländische Journalisten, besonders solche französischer und britischer Medien, hatten kaum eine Chance, auf der »Altair« einen Platz zu bekommen. Sie durften auf der »Solo«, einem eilends herangeschafften zweiten Schiff, den Ereignissen hinterherdümpeln.

Greenpeace setzte vor allem auf das Medien- und Spendenecho in Deutschland, wo bereits in der Vergangenheit eine halbe Million Sponsoren das deutsche Büro zur finanzkräftigsten Sektion gemacht hatte. Für 1995 rechnete Greenpeace Deutschland mit einem weiteren Ansteigen des Spendenaufkommens, das 1994 bei rund 70 Millionen Mark gelegen hatte.

In Deutschland entwickelten die Medien und Greenpeace eine geradezu symbiotische Beziehung. Die Regenbogenkrieger lieferten eine Reality-Show erster Güte. Stolz verkündeten die Umweltschutz-Helden, daß sie bereit seien, für die Sache – und das heißt die Show – ihr Leben zu riskieren. *Spiegel*-Reporterin Michaela Schießl zitierte den Ersten Maat des Greenpeace-Schiffes »Altair«, einen Türken tschetschenischer Herkunft namens Feik, mit den Worten: »Ich hab' keine Angst um mein Leben.« Die frühere *taz*-Journalistin konnte ihre Bewunderung für den Recken des Regenbogens kaum verbergen: »Für das Boot mit den Kameramännern fährt Feik eine extra steile Kurve, haarscharf unter dem Bug des Schleppers vorbei. Greenpeace Classic eben, David gegen Goliath.«

Die Boulevardpresse, viele private Rundfunk- und Fernsehstationen ergriffen nicht nur Partei zugunsten von Greenpeace, sondern machten den Kampf gegen die Versenkung der Brent Spar zu ihrem eigenen Anliegen. Der Kölner *Express* und die Münchner *Abendzeitung* starteten Leseraktionen gegen Shell.

»Tanken Sie noch bei Shell?« fragte die *Hamburger Morgenpost* am 14. Juni ihre Leser. Greenpeace, entgegen dem eigenen Image, vermied einen eigenen Aufruf zum Boykott der Shell-Tankstellen, um möglichen Schadensersatzforderungen aus dem Wege zu gehen. Statt dessen beauftragte die Organisation das Meinungsforschungsinstitut Emnid mit der Erkundung der Boykottbereitschaft. Das Ergebnis – 85 Prozent der deutschen Autofahrer bejahten die suggestiv gestellte Frage – löste eine Lawine von Boykottaufrufen aus. Von links bis rechts buhlten Politiker um die von Emnid konstatierte Mehrheit.

Fernseh- und Rundfunkstationen boten den eigentlich rechtswidrigen Aufrufen ein Forum. Während sich die Journalisten anfangs noch darum bemüht hatten, zumindest zwischen Nordsee und Atlantik, Bohrinsel und Speicherplattform zu unterscheiden, so spielten die Fakten in den Presseerklärungen der Shell-Boykotteure überhaupt keine Rolle mehr. Der SPD-Umweltexperte Michael Müller sprach öffentlich von einer »unglaublichen Sauerei«, der Vorsitzende des Bundes für Umwelt und Naturschutz, Hubert Weinzierl, von einer »Wahnsinnstat«. Der FDP-Generalsekretär Guido Westerwelle rief zum Boykott gegen »derartige Verbrechen an der Umwelt« auf, der CDU-Bundestagsabgeordnete Claus-Peter Grotz schaltete eine Anzeige mit dem Text: »Shell schädigt die Nordsee. Wir schädigen Shell.« (Shell-Dok. 64)

In der aufgeheizten Atmosphäre gingen bei Shell immer mehr Bombendrohungen ein. Ihren Höhepunkt erreichte die Hysterie am 14. Juni, als Unbekannte eine Shell-Tankstelle in Mörfelden-Walldorf beschossen. Als am 15. Juni ein Brandanschlag auf eine Tankstelle in Hamburg-Wandsbek verübt wurde, titelte die Bild-Zeitung: »1. Tankstelle brennt«. Am 17. Juni brannte eine zweite Shell-Station in der Nähe von Kassel. Ungeachtet der Anschläge ging die Kampagne gegen die »Öko-Feinde« weiter, nachdenkliche Kommentare waren in den Medien die Ausnahme. Greenpeace rechnete es sich später hoch an, sich zu diesem Zeitpunkt gemeinsam mit der Geschäftsleitung von Shell gegen die Gewalt und andere Überreaktionen gewandt zu haben. Pressesprecher Vorfelder sah es im Rückblick allerdings als die größte Stärke von Greenpeace an, »das Herz der Bevölkerung bewegt« zu haben.

Am 20. Juni, als der »Endkampf um Brent Spar« die Medien beschäftigte, entschloß sich Shell zum Rückzug. Während der britische Premierminister John Major im Unterhaus die Versenkung der Brent Spar energisch verteidigte, gab die Britische Shell ihre Kursänderung der Öffentlichkeit bekannt. »Ein später Sieg der Vernunft«, »ein Sieg für die Umwelt« oder einfach »Sieg – Shell gibt auf« jubelten die Gazetten am folgenden Tag. Unter weiterer Begleitung von Greenpeace schleppte Shell das »Öl-Monster« (Bild) in den norwegischen Erfjord bei Stavanger.

Die mediale Nachbetrachtung der Affäre um die Brent Spar beklagte die Umweltschutz-Heuchelei von so manchem Politiker, gab Shell kluge Ratschläge zur Reparatur des beschädigten Images und fand mitunter gar kritische Worte zur Rolle von Greenpeace. Unterm Strich standen die Regenbogenkrieger allerdings als strahlende Sieger da. Der *Spiegel* ermittelte in einer repräsentativen Umfrage, daß zwei Drittel der Deutschen am liebsten Greenpeace ins Parlament wählen würden. Der SPD-Vorsitzende Wolfgang Thierse und der Kirchenmann Friedrich Schorlemmer reagierten umgehend, indem sie Greenpeace als Kandidaten für den Friedensnobelpreis vorschlugen. Für die Medien insgesamt galt: »Die Welt hat dank Greenpeace grünes Blut geleckt, und es scheint ihr zu schmecken.« Der französische Präsident Jacques Chirac hatte die Wiederaufnahme der Atombombenversuche im Südpazifik angekündigt. Die Journalisten rüsteten sich zu einer weiteren Kreuzfahrt mit Greenpeace.

Am 5. September, als die Hundertschaften der Reporter und Kameraleute bereits vor Mururoa lagen, die ganze Medienwelt ihr Augenmerk auf das Südsee-Atoll gerichtet hatte, gab das Londoner Büro von Greenpeace eine bemerkenswerte Erklärung ab: Bei den eigenen Messungen auf der Brent Spar sei den Umweltschützern ein Fehler unterlaufen. Nicht 5500 Tonnen Öl hätten sich in den Tanks der Plattform befunden, sondern nur Rückstände an Öl, Schlämmen und Salzen, deren Mengen im wesentlichen mit den Angaben von Shell übereinstimmten. Lord Melchett, Greenpeace-Chef in Großbritannien, habe sich umgehend bei der britischen Shell entschuldigt. Die unabhängige Stiftung »Det Norske Veritas«, die mit der neuerlichen Untersuchung der Plattform befaßt war, hatte die Regenbogenkrieger auf ihre Meßfehler hingewiesen.

Das Eingeständnis des Irrtums trug Greenpeace ein paar kritische und nachdenkliche Kommentare ein. Die *Zeit* versprach ihren Lesern, beim nächsten Mal etwas schärfere Fragen zu stellen. Die *FAZ* schrieb über den »Erkenntnisschock: Greenpeace ist fehlbar«. Schockierend war allerdings nicht, daß sich die Medien in einem Detail von Greenpeace hatten täuschen lassen. Der Skandal bestand vielmehr darin, daß fast die gesamte Medienwelt der PR-Kampagne einer privaten Organisation aufgesessen war. Die Schlagzeilen spiegelten eine verkehrte Welt wieder. Sie beschworen unisono ein Kriegsspektakel auf See, das kaum einem Fisch eine Schuppe gekrümmt hätte, während »das Geschehen im ehemaligen Jugoslawien vorübergehend die Dramatik einer umgekippten Kaffeetasse in der Etappe hatte«.

Schuldsprüche – Das fatale Fanal von Lübeck

Der 18. Januar 1996 war ein Donnerstag, und in der Lübecker Hafenstraße brannte in den frühen Morgenstunden ein Asylbewerberheim. Zehn Menschen kamen in den Flammen oder auf der Flucht vor ihnen um, Dutzende wurden verletzt. Die meisten Bewohner des Hauses waren Araber und Afrikaner. Über die Brandursache und, falls es sich um Brandstiftung gehandelt haben sollte, über den oder die Täter wußte man noch lange nichts. Man wußte nichts, als der *Guardian* (Großbritannien) anderntags mit »Nazi-Angriff« titelte. Man wußte nichts, als *France-Soir* (Frankreich) über den »rassistischen Alptraum, der zur Hölle wurde« schrieb. Man wußte nichts, als *Maariv* (Israel) unter der Überschrift »Rassismus in Deutschland« einen »Skinhead-Angriff« meldete.

Für die meisten Medien im In- und Ausland war der Fall von vornherein klar. In der Tat hatte die Polizei noch am selben Tag vier junge Männer aus der mecklenburgischen Kreisstadt Grevesmühlen festgenommen. Von ihrem Erscheinungsbild her eigneten sie sich sehr gut als Täter. Sie trugen Skinhead-Kluft, kamen aus der ostdeutschen Provinz und waren wegen kleinerer Straftaten bereits polizeibekannt. Einer der vier war früher sogar wegen Hakenkreuzschmiereien aufgefallen. Während das Feuer wütete, standen sie, gegen vier Uhr nachts, in einiger Entfernung dabei und schauten dem Kampf der Feuerwehrleute zu.

Als am Abend im Fernsehen Sondersendungen über die Brandkatastrophe liefen, lagen von diesem Fang der Polizei noch keine Mitteilungen vor. Noch war alles offen – bis hin zu der Möglichkeit eines durch Nachlässigkeit oder einen technischen Defekt bedingten Unglücks. Doch die Reporter zeichneten ein anderes Bild. Sie schwelgten in der Stimmung, die sich vor Ort aufgebaut hatte. Die schwelende Ruine wurde zur Kulisse kollektiver Ausbrüche von Haß und Hysterie; lange verweilten die Kameras auf einer dunkelhäutigen Demonstrantin, die keineswegs zu den überlebenden Hausbewohnern zählte, und unter Weinkrämpfen ihre imaginierten Zuschauer monomanisch anschrie: »Wir wollen Frieden! Gebt uns Frieden!« In Lichterketten-Haltung standen Einheimische herum und sprachen in jedes hingehaltene Mikrophon von der Abscheulichkeit Deutschlands und von ihrer Scham, Deutsche zu sein. Besonders eindrucksvoll ging das ZDF zur Sache. In einer »Spezial«-Ausgabe nach der *Heute*-Sendung, die schon vom Ablauf her chaotisch ausfiel, obwohl man den ganzen Tag Zeit zur Vorbereitung gehabt hatte, versteiften sich die Journalisten geradezu auf die Hypothese eines rassistischen Attentats. Als der Einsatzleiter der Rettungsmannschaften auf die Frage, ob es schon Hinweise auf einen Brandanschlag Rechtsradikaler gebe, klipp und klar erklärte, daß es noch zu früh sei, darüber Spekulationen anzustellen, formulierte die Reporterin seine Aussage kurzerhand um: Auch die Feuerwehr schließe nicht aus, daß ...

Am nächsten Morgen äußerte derselbe Einsatzleiter öffentlich seinen Eindruck: »Die Medien wollen, daß es Rechtsradikale waren.« Warum? Ein Grund, der in der ganzen folgenden Debatte nie zur Sprache kam, besteht darin, daß die Medien in Deutschland noch ein naives, beinahe unschuldiges Verhältnis zum Voyeurismus haben. Hätten sie sich nämlich auf das Faktische beschränkt, wäre die Berichterstattung entweder sehr knapp ausgefallen oder sie wäre zu einer reinen Gruselshow ausgeartet, wie das etwa in den USA gang und gäbe ist. Dort haben die Fernsehleute keine Hemmungen, ein Unglück als Unglück zu zeigen: Leichen, Blut und Tränen sind sozusagen Bild-Werte an sich, und die Reporter bemühen sich mit entsprechendem Aufwand und entsprechender Rücksichtslosigkeit darum. Dies ist bei uns – zum Glück – noch nicht der Fall. Hier rechtfertigt alleine der politische Charakter eines Verbrechens, es ausführlich zu behandeln, und eine Katastrophe verdient nur dann, direkt und drastisch dargestellt zu werden, wenn sich zugleich irgendwelche Mißstände thematisieren lassen. In Lübeck offenbarte sich nun die Kehrseite der deutschen Fernseh-Seriosität: Um die allgemeine Sensationsgier guten Gewissens zu befriedigen, um der in einer Zeit verschärfter Programmkonkurrenz sich verschärfenden Neigung zum Spektakulären nachgeben zu können, brauchte man für diesen Brand einen rechtsradikalen Hintergrund.

Daß es in Wirklichkeit um nichts anderes als die Vermarktung der Tragödie ging, war nur zu offensichtlich. Es gab kaum eine Redaktion, die nicht mindestens einen Sonderberichterstatter zum Brandort schickte; die *Zeit* entsandte, wie sie später immerhin selbstkritisch bekannte, doppelt soviele Reporter wie beim Fall der Mauer. Kameramänner richteten ihre Objektive auf Verletzte, qualmende Trümmer und Angehörige von Toten. Im Blitzlichtgewitter kämpften Feuerwehrleute und Sanitäter um das Leben der Hausbewohner. Keine Einzelheit, nicht einmal ein pinkelnder Rettungsmann, entging dem Interesse der Bildberichterstatter. Nachdem die Polizei die Reporter hinter eilig aufgestellte Absperrgitter zurückgedrängt hatte, schwebten zwei Fotografen des *Stern*, von einem Kranwagen emporgehievt, über dem rauchenden Gebäude. Dem Kranführer hatten sie eine Genehmigung der Polizei vorgetäuscht.

Sicherlich stand hinter den vorschnellen Ursachenabschätzungen und Schuldzuweisungen mehr als nur der Versuch der Medienvertreter, ihrem niederen Katastropheninteresse die höheren Weihen politischer Wächterschaft zu geben. Sicherlich gab es ebenso traurige wie triftige Gründe, bei einem Großbrand in einem deutschen Asylbewerberheim nicht gerade an ein defektes Stromkabel zu denken. Nach den Attentaten von Rostock, Mölln, Solingen und Tausenden weiteren Anschlägen, die etwas glimpflicher verliefen und weniger bekannt wurden, nicht zuletzt auch in Anbetracht der Tatsache, daß zwei Jahre zuvor in Lübeck zum ersten Mal seit der Zeit des Dritten Reichs eine Synagoge angezündet worden war, lag die Vermutung einer rassistischen Untat deutscher Neonazis durchaus nahe. Es stellt sich aber die Frage, was man mit Vermutungen publizistisch anfangen kann und darf. Die Frage wurde durch die folgenden Ent- und Verwicklungen auf äußerst lehrreiche Weise dekliniert.

Und zwar begann die Medien-Lektion mit einem Überraschungscoup der Staatsanwaltschaft, die wenige Stunden, nachdem die Meldung ihrer Festnahme die Runde machte, die vier jungen Männer aus Grevesmühlen laufen ließ, weil sie angeblich ein sicheres Alibi besaßen. Eine Polizeistreife hatte sie unmittelbar vor Ausbruch des Brandes an einer Tankstelle in einem Lübecker Außenbezirk, mehrere Kilometer von der Hafenstraße entfernt, beim Betanken ihres »Wartburg« beobachtet. Plötzlich war wieder alles offen, plötzlich war die »Ursache des Brandes in

Ausländerheim weiter unklar« – was der Lübecker Oberbürgermeister auf einer »Solidaritätskundgebung« am Vortag nicht einmal hatte aussprechen dürfen: Er wurde, als er darauf hinwies, daß in der Tat noch alles unklar war, regelrecht niedergebrüllt und zog die betrübliche Konsequenz, im weiteren Verlauf der Affäre den Brüllern nur noch nach dem Mund zu reden und sogar zu »zivilem Ungehorsam« gegen das Ausländergesetz aufzurufen.

Während die Aufräumarbeiten an der Hausruine weitergingen und man noch immer befürchten mußte, weitere Todesopfer zu finden, während in Lübeck und Hamburg Hunderte von Schülern gegen Ausländerfeindlichkeit demonstrierten, während aber die vier Grevesmühlener Jugendlichen wieder auf freiem Fuß waren und es ein Polizeisprecher als unwahrscheinlich bezeichnete, daß es sich um einen rassistisch motivierten Anschlag handele, fielen Journalisten aus halb Europa in der Hansestadt ein und über das 30 Kilometer entfernte Grevesmühlen her. Sie hatten es schwer, ihre Klischees bestätigt zu finden. Von einer rechtsradikalen Szene wollten weder Bürgermeister noch Pfarrer noch Sozialarbeiter etwas wissen. RTL-Reporter fanden immerhin in einem Wald einen Stromkasten mit aufgemaltem Hakenkreuz; dieses »Beweisstück« wurde bald zu einem vielgefilmten Wahrzeichen. Auch die Tatsache, daß sich die Ortsjugend bei »Machmud«, dem Inhaber einer Döner-Imbißbude, zu treffen pflegte, paßte nicht so recht ins Bild einer rechtsradikalen Szene. In der Not griff der NDR beherzt ins Archiv und zauberte mit diesem Kunstgriff die Grevesmühlener Neonazis ins Abendprogramm. Die Aufnahmen waren gut drei Jahre alt. Am Freitag stand Grevesmühlen vor aller Welt als schuldig da; am Samstag, als sich die Kunde von der Freilassung der vier jungen Männer verbreitete, gab es Entwarnung, und die Reportermeute zog so schnell von dannen, wie sie gekommen war. Die Grevesmühlener hatten eine Medien-Erfahrung hinter sich. Im irrigen Glauben, daß sich für diese bittere Erfahrung irgend jemand interessiere, setzten der Bürgermeister und der Pfarrer einen offenen Brief auf. Die Schlußpassage lautet: »Wem am guten Miteinander von Deutschen und Ausländern wirklich gelegen ist, verschreibt sich eher der Mäßigung als der Hysterie, nimmt Presse- und Redefreiheit als Verantwortung und nicht als Instrument der Willkür wahr.«

Der Schwindel in den Köpfen hatte sich noch nicht gelegt, da wartete die Staatsanwaltschaft bereits mit dem nächsten Coup auf: Im Krankenhaus nahm die Polizei einen zwanzigjährigen Libanesen mit versengten Ohren fest, der bei seiner Familie in dem Asylheim gewohnt hatte und von dem ein Sanitäter das in jedem Sinne brandheiße Geständnis »Wir warn's« gehört haben wollte. Er galt fortan als Hauptverdächtiger, was wiederum so gut wie allen Medien ausreichte, um ihn unzählig viele Male mit Bild und vollem Namen der

Öffentlichkeit vorzuführen. Dieser Richtungswechsel geschah so abrupt und entschieden, daß die Blamage für einen Großteil der Presse nicht ausblieb. Die Kommentare und Bilder der elektronischen Medien »versendeten« sich, doch das Gedruckte existierte schwarz auf weiß. Je nach Stil wurde das Ruder mehr oder weniger temperamentvoll herumgerissen. Die Berliner *taz* entschuldigte sich bei ihren Lesern auf Seite 1. Der *Stern* sprang eiligst auf den neuen Zug und recherchierte das Motiv des mutmaßlichen libanesischen Brandstifters: Eifersucht. Die *FAZ* indes geißelte die Voreiligkeit derjenigen, die von Neonazis geredet hatten, »als könnten sie es nicht erwarten«, und höhnte über »Lübeck als geistige Lebensform«, denn: »Die Deutschen wollen nicht bloß Täter unter anderen sein, sondern Täter überhaupt, nicht ein Tätervolk, sondern das Tätervolk.« Daran ist etwas falsch und etwas richtig. Es stimmt nicht, daß nur Deutschland mit neurotischen Reflexen auf die Traumata seiner Geschichte reagiert. Aber es stimmt, daß nur in Deutschland diese neurotischen Reflexe selbst für die Erörterung tabu sind.

Blut und Backe

Am 10. Mai 1990 erwachte Frankreich in einen Alptraum hinein, der in mancherlei Hinsicht mit dem Schock von Lübeck vergleichbar ist, und zwar vor allem in Hinsicht auf die Reaktion der Medien und der Öffentlichkeit. Auf dem jüdischen Friedhof des Provencestädtchens Carpentras waren mehrere Gräber verwüstet sowie ein Leichnam ausgegraben und gräßlich zugerichtet worden. Das Echo dieses Vandalenaktes übertraf alles, was Frankreich bislang an Auseinandersetzungen mit dem Rechtsradikalismus erlebt hatte. Kaum war die Meldung bis nach Paris gedrungen, wiesen alle Politiker links von der Mitte auf Jean-Marie Le Pen und seine »Nationale Front«, die bei den Parlamentswahlen in Carpentras immerhin 13,5 Prozent der Stimmen erhalten hatte. Am 13. Mai führte Staatspräsident Mitterrand in der Hauptstadt einen Protestmarsch von 100 000 Menschen an.

Unterdessen quartierten sich ganze Hundertschaften von Journalisten in Carpentras ein, um das Zentrum des Bösen zu suchen und zu untersuchen. Der Ort hat 30 000 Einwohner, ist friedlich und verschwiegen, berühmt höchstens für Trüffeln und Melonen. Über das Verbrechen brachten die Reporter nicht das Geringste in Erfahrung. Auch die Szenerie der Profanation konnten sie nicht nach eigenem Augenschein beschreiben; insbesondere die stets erwähnte Aufpfählung der Leiche hatte keiner von ihnen gesehen. Aber ein paar Wochen lang herrschte dieses Bild: Carpentras als Eiterbeule der französischen Gesellschaft, die unter der Ägide des präsumptiven Faschistenführers Le Pen zu jedem Horror fähig ist. Was fehlte, war nur die Spur eines Beweises gegen Le Pen und seine Parteigänger. Daß er darob zeterte und die ganze Friedhofschändung als gegen ihn gerichtete Provokation bezeichnete, wurde schulterzuckend abgetan.

Die Polizei hatte mehrere Sympathisanten verhaftet, verhört und postwendend freigelassen; nach und nach kam der Verdacht auf, daß es sich um eine übel ausgeartete spiritistische Party wohlsituierter Bürgerkinder gehandelt haben könnte. Die öffentliche Meinung war davon natürlich enttäuscht. Hier jedoch endet die Parallele zum Fall Lübeck – vor allem aus zwei Gründen: Die französische Presse hat sich mit den Mechanismen der Medienempörung seither gründlich auseinandergesetzt. Bis hin zu einer diesbezüglichen Kontroverse zwischen den Intellektuellenzeitschriften *Le Débat* und *Esprit* reichte das Spektrum der Erörterungen über die soziologischen Ursachen des Vermutungsjournalismus. Auf der anderen Seite hat die französische Polizei gründlich versagt. Sechs Jahre lang kamen die Ermittlungen nicht von der Stelle; im Gegenteil: Sie wurden durch einen ungeklärten Todesfall und eine neue Zeugin, die ihre Aussage im entscheidenden Moment zurückzog, immer verworrener. Ein Staatsanwalt und eine Untersuchungsrichterin blockierten sich durch gegenseitige Drohungen mit Disziplinarklagen gegenseitig, bis der Fall Ende April 1996 auf höchstrichterliche Anordnung an die Marseiller Justiz übertragen wurde.

Die Pawlowschen Medienreflexe von Lübeck erinnern aber noch an eine andere Begebenheit: Im Winter 1993/94 berichteten Presse, Rundfunk und Fernsehen beinahe täglich von Übergriffen Rechtsradikaler gegen Ausländer in Deutschland. Am 10. Januar 1994 meldeten die Agenturen aus Halle einen neuen Gewaltakt: Eine siebzehnjährige Rollstuhlfahrerin sei von drei Skinheads auf offener Straße überfallen worden. Sie hätten von dem Mädchen verlangt, die Sätze »Ausländer raus!«, »Krüppel ins Gas!« und »Heil Hitler!« nachzusprechen. Einer der Skinheads sollte dabei gedroht haben: »Mach schon, sonst zieh'n wir andere Saiten auf.« Nach einer kurzen Rangelei – angeblich fuhr das Mädchen einem der Täter mit dem Rollstuhl ans Schienbein – ritzten ihr die Neonazis mit einem Messer ein drei mal vier Zentimeter großes Hakenkreuz in die linke Wange.

Das gehbehinderte Mädchen, Elke J., besuchte eine Schule, an der Behinderte und Nichtbehinderte gemeinsam lernen. Sie hatte in der Pause das Gelände des Gymnasiums verlassen, um einen Brief abzuschicken. Auf dem Rückweg hatte sie die Toilette im nahegelegenen Ärztehaus besucht. Beim Verlassen des Gebäudes war sie angeblich überfallen worden. Als sie mit blutiger Backe auf das Schulgelände zurückkam, waren ihre Mitschüler schockiert. Der Direktor alarmierte die Polizei. Man brachte sie zur ambulanten Behandlung in ein Krankenhaus. Nachdem ihre

Aussage protokolliert worden war, leitete die Polizei eine Großfahndung ein. 4000 Flugblätter mit Phantombildern der Täter wurden verteilt. Über Lautsprecherdurchsagen wurde die Hallenser Bevölkerung um Mithilfe bei der Fahndung gebeten. Die Polizei durchsuchte 200 Wohnungen und Treffpunkte der Neonaziszene und führte auf Bahnhöfen Personenkontrollen durch. Koordiniert wurde die Fahndung, die sich auf das gesamte Bundesgebiet erstreckte, von einer achtzehnköpfigen Sonderkommission. Insgesamt waren rund einhundert Polizisten mit den Ermittlungen beschäftigt.

Die Medien verbreiteten die Nachricht von dem Neonazi-Überfall zusammen mit den entsprechenden Photos des geritzten Gesichtes weltweit. In ihren Meldungen verwiesen die Agenturen auf eine Welle rechtsradikaler Untaten in Deutschland. Schuld an der Gewalt gegen Behinderte sei in Wirklichkeit die Bonner Sozialpolitik, wurde aus einer Stellungnahme des Behindertenverbandes BAGH zitiert. Bald erreichte die schreckliche Kunde auch den Heiligen Stuhl. Das offizielle Organ des Vatikans, der *Osservatore Romano,* verurteilte den Überfall auf die Rollstuhlfahrerin als »barbarisch« und warnte vor dem Wiederaufleben der Nazi-Ideologie in Europa.

Landespolitiker, Bundesjustizministerin Sabine Leutheusser-Schnarrenberger und Bundespräsident Richard von Weizsäcker verliehen ihrer Entrüstung

Ausdruck. Die Bundesregierung erkannte Handlungsbedarf und verwies auf die geplante Strafverschärfung bei Körperverletzungsdelikten. Der Vorsitzende des Reichsbundes der Kriegs- und Zivildienstopfer, Behinderten, Sozialrentner und Hinterbliebenen, Walter Franke, äußerte die Ansicht, daß mit der Wange der Rollstuhlfahrerin auch »die Würde eines Volkes« verletzt worden sei. Eine Schülerinitiative organisierte am Donnerstag, dem 13. Januar 1994, in Halle eine Demonstration, an der zwischen 10 000 und 15 000 Menschen teilnahmen, darunter der Justizminister von Sachsen-Anhalt, Jürgen Remmers, und andere prominente Vertreter des öffentlichen Lebens.

So wie die *Zeit* auf Seite eins kommentierte, dachten viele: »Die Tat von Halle: das jüngste Fanal der Bedrohung von Minderheiten, von Behinderten, Ausländern.« »Blanker Terror« offenbare sich im Überfall auf die junge Rollstuhlfahrerin, fand die *Stuttgarter Zeitung*. Das eingeritzte Hakenkreuz, so das Blatt weiter, bedeute möglicherweise die lebenslange Stigmatisierung der jungen Rollstuhlfahrerin über ihr körperliches Handicap hinaus. Doch während sich die öffentliche Anteilnahme ihrem Höhepunkt näherte, kamen der Polizei angesichts der intensiven, aber völlig ergebnislosen Fahndung erste Zweifel. Zeugen für den Überfall ließen sich nicht finden; die Rollstuhlfahrerin verwickelte sich bei ihrer Vernehmung in arge Widersprüche. Gerichtsmediziner fanden heraus, daß die penibel proportionierte Hakenkreuz-Wunde aus 30 kleineren, nicht sehr tiefen Einzelschnitten in einer ziemlich schmerzunempfindlichen Region bestand. Sie werteten dies als Indiz für eine Selbstverstümmelung. Noch am selben 13. Januar 1994 gingen die Ermittler zum ersten Mal mit ihren Zweifeln an der Version des Opfers an die Öffentlichkeit.

Die Medien reagierten erst nach einer Schrecksekunde. Die meisten Zeitungen berichteten nicht vor dem darauffolgenden Montag, dem 17. Januar, von den neuen Erkenntnissen der Staatsanwaltschaft. Erst jetzt und in diesem Zusammenhang kehrte die professionelle Skepsis der Journalisten zurück. Ungläubig meldeten sie die jähe Wendung der Dinge im distanzierenden Konjunktiv. Dabei hatten die Ermittler selbst schon Skrupel gepackt, die aufgebrachte Öffentlichkeit derart düpieren zu müssen. Gegen wachsende Gewalt zu protestieren, könne nicht falsch sein, tröstete die Polizei die verunsicherten Demonstranten. Die Polizeipsychologin Kerstin Glanz, die Elke schließlich das Eingeständnis, die Tat »möglicherweise« in einem Blackout selbst begangen zu haben, entlockt hatte, räumte später ein: »Die spontanen Reaktionen spiegeln real den Zustand unserer Gesellschaft wider; auch wenn in diesem einen Fall die Geschichte ganz anders war, so wäre sie denkbar, und das ist schlimm.«

An der Vortäuschung der Tat zweifelte schließlich niemand mehr. Abgesehen von einer kleinen Gruppe

Rechtsradikaler ließ es dennoch niemand zu, Verärgerung über die Akteure des Schauspiels zu zeigen. Das Verhalten der Rollstuhl fahrenden Schülerin interpretierten die Psychologen und Ermittler als einen »Schrei nach Hilfe«. Weder Ermittler, noch Medien, noch die politischen Akteure wollten sich gegenseitig Vorwürfe machen. Statt dessen einigte man sich auf die unausgesprochene Formel: Diesmal waren es zwar nicht direkt die Rechtsradikalen, indirekt waren sie aber doch schuld. Die Stoßrichtung der Proteste und Betroffenheitsbekundungen sei einfach richtig gewesen, daran ändere sich auch im nachhinein nichts. Ein Schüler aus Halle, der die große Demonstration mitorganisiert hatte, drückte das so aus: »Wir sind verunsichert, aber sauer sind wir nicht ... Und wenn ich mir die rechte Szene in Halle anschaue, dann ist schon sehr viel Schlimmeres vorgekommen als das, was Elke vorgetäuscht hat. Und da gab es keine Demo.«

Eine Variante dieser Denkweise präsentierten verschiedene Journalisten, die in anklagendem Ton fragten, was für eine Gesellschaft das sei, in der Behinderte mit solch drastischen Mitteln auf sich aufmerksam machen müßten. Besonders zugespitzt präsentierte das PDS-Organ *Neues Deutschland* diesen Gedankengang, indem es sich die Diagnose des Psychologen Hans-Joachim Maaz zu eigen machte. Maaz, der in den Medien für die vereinigungsbedingten Seelenleiden der Ostdeutschen zuständig ist, konstatierte:

»Wir leben in Verhältnissen, die genug seelische Not verursachen ...« Und diese Not existiert, so Maaz, weil »unsere Gesellschaft übermäßige Anpassung und Gehorsam fordert, einseitige Leistungsbereitschaft, Stärke und Konkurrenzverhalten verlangt und am Ende Konsum und Besitz höher bewertet als Liebe.« Das kitschig-konsumkritische Urteil wäre sicherlich sehr viel härter ausgefallen, wenn die Rollstuhlfahrerin besser ins Klischee einer Vereinigungsverliererin gepaßt hätte. Doch Elke entstammte einer gutsituierten Familie, der Vater war an der Universität beschäftigt, die Mutter arbeitete als Physiotherapeutin in einem Krankenhaus.

Zur Selbstkritik wollte sich keiner der Beteiligten durchringen. Der Innenminister lobte die Arbeit der Polizei, die politischen Aktivisten hielten ihr vorschnelles antifaschistisches Engagement in jedem Fall für nützlich und die Medien bewerteten ihr Vorpreschen selbst im nachhinein noch positiv. Die *Zeit* kam zum Ergebnis: »Nein, für Zweifel an jener ersten Nachricht aus Halle gab es keinen Spielraum. Das Erschrecken bleibt, denn noch in der Lüge steckt auch die Wahrheit.« Ein kühner Satz für ein als seriös gelten wollendes Blatt. Tatsächlich hätte es sehr wohl Grund für Zweifel an der ersten Version des Überfalls gegeben. Franz Christoph, Initiator der »Krüppelbewegung«, war von Anfang an skeptisch gewesen: »Daß auf offener Straße Skinheads so rücksichtsvoll sind, daß sie aufpassen, bloß nicht zu tief zu schneiden, und so eine exakte Präzisionsarbeit liefern – solche Ungereimtheiten wären bei jedem Nicht-Behinderten sofort aufgefallen. Für mich zeigt der Vorfall, daß man sich mit Behinderten sowieso nicht auseinandersetzt.«

Christophs Einwände können nicht als nachträgliche Besserwisserei abgetan werden. Obwohl bereits ein Jahr zuvor ein vierzehnjähriges Mädchen im sächsischen Bautzen einen ganz ähnlichen Überfall vorgetäuscht hatte, fragten die Journalisten in dem neuen Fall nicht weiter nach. Auch stand das Gerede von der »lebenslangen Stigmatisierung« des Mädchens durch die Verletzung im Widerspruch zu den Angaben der Ermittler. Im Polizeiprotokoll hieß es eindeutig: »Oberflächlich geritzte Wunde, ambulant im Krankenhaus behandelt. Ausheilung der Wunde ohne sichtbare Folgeschäden ist zu erwarten.« Die Sprecher der Staatsanwaltschaft hatten auf den Pressekonferenzen mehrmals betont, daß die Wunde wahrscheinlich ohne sichtbare Narbe verheilen würde. Daß zu den drei vermeintlichen Skinheads ein Mädchen gehörte, war in keinem Pressebericht nachzulesen. Denn in diesem Punkt wich die »Betroffene« von der ansonsten drehbuchreifen Beschreibung des Überfalls ab. (Die Polizeipsychologin vermutete später, in die vermeintliche Angreiferin habe Elke das Gesicht ihrer Schwester projiziert. Noch am Morgen vor dem vermeintlichen Überfall hatte es zwischen den beiden Schwestern

Streit gegeben.) Die übrigen Details der Täterbeschreibung entsprachen weitgehend dem Klischee von einem Neonazi: kurzgeschorene Haare, Tarnkleidung, Springerstiefel sowie auffallend schwarze Fingernägel.

Eine »mitleidvolle Schnulze« nannte Franz Christoph die Erzählung vom angeblichen Überfall. *Bild am Sonntag* fand heraus, daß sich die siebzehnjährige Hallenserin – wie vorher und nachher andere Mädchen – von einem im Fernsehen gelaufenen Film hatte inspirieren lassen. In *Die Zeitbombe (The Ticking Bomb)* war genau jene Szene zu sehen, die sie später selbst erlebt haben wollte. Wenn es aber eines Beweises für die völlige Folgenlosigkeit von sachlichen Erkenntnissen für gewisse Medien bedurfte, dann lieferte ihn der *Stern,* indem er anderthalb Jahre später auf Elkes Geschichte zurückkam und ihr ungerührt Raum gab, sich in einem Interview erneut als Attentatsopfer zu präsentieren und abenteuerliche Insinuationen zu verbreiten: »Der Staatsanwalt wollte halt die Sache vom Tisch haben, und ich wollte nur noch meine Ruhe. An den Überfall glaub' ich noch immer.«

Kommissar Redakteur

Auch in bezug auf die Lübecker Brandkatastrophe gewann der alte Glaube bei vielen Journalisten allmählich wieder die Oberhand. Dem Chefredakteur der *Zeit* war »die große politische Beruhigung, die nach dem Brandanschlag so schnell ausbrach wie das Feuer selber« sowieso verdächtig. Daß nicht Rechtsradikale das Feuer gelegt haben sollten, sondern ein im Hause selbst wohnender Ausländer, war auf jeden Fall kein sehr willkommenes Ergebnis. Wie die Medien mit diesem – vorläufigen – Ergebnis umgingen, wie sie in die Ermittlungen der Staatsanwaltschaft eingriffen, wie sie die Beamten persönlich diskreditierten und mit bruchstückhaften Informationen Stimmung machten, ist ein weiterer in jener langen Reihe von Skandalen, die rechtsstaatlichen Prinzipien Hohn sprechen.

Erste Zweifel an der Schuld des Libanesen Safwan E. äußerte das ARD-Magazin *Monitor* im März 1996. Die *Woche* zog mit einem doppelseitigen Artikel nach, in dem sie der Polizei schlampige Ermittlungen vorwarf. So liege der Brandherd nicht wie bisher angegeben im ersten Stock, sondern im Eingangsbereich. Als Täter habe Safwan E. kein Motiv. Die Ermittler würden in Beweisnot stecken und hätten deswegen einen »Lauschangriff« gegen den Tatverdächtigen gestartet. Doch das war erst der Anfang einer von den Verteidigern des Libanesen geschickt – und mit gutem Recht – organisierten Medienkampagne. Ihr Erfolg beruhte darauf, daß die Medien in ihrer ewigen Informationsbegier jemandem, der sie so reichlich füttert wie die Hamburger Rechtsanwältin Gabriele Heinecke, naturgemäß mehr zugetan sind als jemandem, der sich so zugeknöpft gibt wie die Lübecker Staatsanwälte.

So kam es, wie es kommen mußte: Heinecke und Partner waren der Gegenseite stets um eine Schlagzeile voraus. Freigiebig teilten sie der Presse mit, was sie aus den Ermittlungsakten erfahren hatten. Die Staatsanwaltschaft geriet noch mehr in die Defensive, als sie unverhohlen die ideologische Tour ritten – wiederum mit den meisten Medien im Gefolge. Die *Frankfurter Rundschau* ließ sich zuflüstern, daß bei der Inhaftierung des Libanesen »politische Motive nicht ausgeschlossen« seien. Die *Badische Zeitung* fragte, ob Lübecks Staatsanwälte »auf dem rechten Auge blind« seien. Der stets mit dem Wind der öffentlichen Erregung segelnde Oberbürgermeister von Lübeck verstieg sich sogar zu der mit seinem demokratischen Amt schlecht harmonierenden Drohung, es sei zu »überlegen, ob ich nicht doch einmal mit dem Justizminister sprechen muß«. Auch er hatte offenbar konkrete Vorstellungen davon, wie die Staatsanwälte ihre Arbeit eigentlich zu verrichten hätten.

Zweifellos gab es, soweit sich dies für Außenstehende erkennen ließ, bei diesem – wie fast jedem – Kriminalfall Ungereimtheiten, die den Ermittlern zu schaffen machten. Zweifellos waren die vier Männer aus Mecklenburg auch alles andere als Chorknaben, und es ist wahrscheinlich, daß es sich bei ihre Erklärungen, auf welche Weise sie sich die Haare angesengt hatten, um Schutzbehauptungen handelte. Doch die von den Medien verbreiteten Verdächtigungen und Anschuldigungen überstiegen bei weitem jenes Maß, das – unabhängig vom Ausgang des Verfahrens gegen Safwan E. – mit Pressefreiheit und Informationsauftrag zu rechtfertigen wäre.

Heribert Prantl, Ressortchef Innenpolitik bei der *Süddeutschen Zeitung* und selbst ehemaliger Staatsanwalt, attestierte den Lübecker Kriminalisten pathologische »Verfolgungsgeilheit«, »Bessenheit« und »Starrsinn«. Angesichts der verstockten Justiz sah Prantl einen »Inquisitionsprozeß« bedrohlich nahekommen. Er empfahl der Staatsanwaltschaft, ihre 103seitige Anklageschrift (die er gar nicht kennen konnte) zu zerreißen. Zu diesem Zeitpunkt war der Hauptverdächtige, Safwan E., gerade aus der Haft entlassen worden, da nach Ansicht der Jugendkammer am Landgericht Lübeck kein »dringender Tatverdacht« mehr gegeben war. Hingegen bestand in den Augen derselben Kammer sehr wohl ein »hinreichender Tatverdacht«, der die Eröffnung eines Hauptverfahrens deckte.

Während die Journalisten dem Publikum die Grundzüge der Strafprozeßordnung und insbesondere den subtilen Unterschied zwischen dringendem und hinreichendem Tatverdacht auseinandersetzten, ging der Kampf um die korrekte Gesinnung in eine neue Runde. Zwischen allen Zeilen machte sich eine besondere Art von Rechthaberei breit, eine publizistische Form von Verfolgungsgeilheit, Besessenheit und Starrsinn, die sich in erster Linie gegen jene Kollegen richtete, welche ihr Vertrauen in das rechtsstaatliche Vorgehen der Staatsanwälte bekundet und vor dem missionarischen Eifer der Medien gewarnt hatten. Am weitesten preschte dabei die einstige FDJ-Zeitung *Junge Welt* vor; nach der Haftentlassung des verdächtigen Libanesen titelte sie: »Deutschland verliert ein Alibi« und konstruierte eine rechtsradikale Verschwörung von der Justiz bis zum Roten Kreuz.

Doch auch gemäßigtere Blätter wollten sich offenbar nicht damit abfinden, daß die Lübecker Staatsanwaltschaft ihnen die Ermittlungsabsichten, -methoden und -ergebnisse nicht haarklein mitteilte, sondern sich dergleichen Darlegungen für den Gerichtstag aufsparte. So stellten die Journalisten ihrerseits intensive Ermittlungen gegen die Anklagevertreter an, aber der Vorwurf der politischen Rechtslastigkeit lief bei lauter Gewerkschafts- und SPD-Mitgliedern ziemlich ins Leere. Blieb höchstens die ebenso haltlose Beschuldigung der Inkompetenz, die ein sogenanntes Lübecker Bündnis gegen Rassismus erhob und in Presseverlautbarungen den Redaktionen in der ganzen Republik mitteilte. Dort wurden diese Texte begierig aufgegriffen, ausgewertet, zitiert und veröffentlicht, als ob der Name »Bündnis gegen Rassismus« ein Qualitätssiegel für Seriosität und Lauterkeit wäre.

Noch eindrucksvoller freilich klang der Name jener »Internationalen Unabhängigen Kommission (IUK)«, die plötzlich mit eigenem Briefpapier aus dem Nichts hervortrat, »Plenarsitzungen« nach parlamentarischer Art abhielt und über die Vorgehensweise der Staatsanwaltschaft zu Gericht saß. Diese neunköpfige »Kommission« wurde von Anwälten und Journalisten aus Frankreich, Italien, Holland und Israel gebildet, auch Beate Klarsfeld war mit von der Partie, und wie einst bei den Terroristenprozessen diente sie dazu, die Arbeit der Strafjustiz ins politische Zwielicht zu rücken. So benutzte die »Kommission«, deren »Unabhängigkeit« schon dadurch zur Genüge dokumentiert wurde, daß sie als Korrespondenzadresse das Anwaltsbüro Heinecke angab, zwar die zurückhaltende Diktion oberster Staatsorgane oder zwischenstaatlicher Organisationen (sie »nimmt zur Kenntnis«, sie »ist ernstlich besorgt«, sie »empfiehlt«), doch vom Inhalt her waren ihre Erklärungen reine Propaganda; sie scheute sich nicht einmal, mit der Europäischen Menschenrechtskonvention zu hantieren, um den Tatverdächtigen Safwan E. als Opfer obrigkeitlicher Obsession erscheinen zu lassen.

Außerdem beklagte die IUK, die Ermittler hätten es abgelehnt, sich von ihr beraten zu lassen. Ein Fehler sei es, so Klarsfeld und Kollegen, die Mörder nicht mehr »bei den Rassisten, sondern bei Menschen, die selbst bedroht sind, zu suchen«. Das Ganze war nicht nur ein öffentlichkeitswirksamer Versuch, die durcheinandergeratene Ordnung von Gut und Böse wiederherzustellen. Es war ein weiterer Akt der Niederwerfung des Rechts durch die Medien.

Terror für Tiere – Im Namen unserer eßbaren Mitbürger

Wir können die Tiere nicht verstehen, wir verstünden uns denn selbst. Tiere sind uns ein Rätsel, denn sie verkörpern auch das Rätsel unseres eigenen Daseins. Ob wir mit ihnen beten wie der Heilige Franziskus oder mit ihnen schnattern wie Konrad Lorenz, es bleibt da eine absolute Grenze. Sie wird von der Vernunft gesetzt, durch die wir uns von den Tieren unterscheiden. Auf diese Unterscheidung legen wir größten Wert, wir leiten sogar unseren eigenen Wert von dieser Unterscheidung her. Doch zugleich wissen wir, daß die Tiere, schopenhauerisch gesagt, »im Wesentlichen und in der Hauptsache durchaus das Selbe sind, was wir sind«.

Wir können diesen Widerspruch nicht überwinden. Allein vor der Tatsache, daß wir Tiere töten, um von ihrem Fleisch zu leben, muß alle Philosophie kapitulieren. Wie sagte Nietzsche? »Natur ist etwas ganz anderes als das, was wir beim Nennen ihres Namens empfinden; – wir selber sind Natur.« Der Widerspruch liegt also durchaus in uns selber, insofern wir als Lebewesen zur Natur gehören, aber als

»Denk-Tiere« von ihr abgefallen sind. Aus diesen beiden Positionen sind ganze Weltanschauungen erwachsen – seit dem 19. Jahrhundert, als sich das Thema durch die Abstammungslehre verschärfte. Nicht, daß die Menschen früher keine Ahnung gehabt hätten von ihrer existentiellen Verbundenheit mit dem Tierreich. Es gibt in Literatur und Mythos unzählige Zeugnisse, die von einer gemeinsamen Vergangenheit der Tiere und der Menschen handeln, und auch in der Heiligkeit von Tieren drückt sich dieses Wissen aus. Der blanke Beweis leiblicher Verwandtschaft jedoch, den Darwin erbrachte, war von anderer Qualität.

Die riesige Empörung, die er damit auslöste, kam nicht nur daher, daß er den christlichen Schöpfungsglauben der historischen Grundlage beraubt hatte. Viele Menschen lehnten die Darwinsche Lehre einfach deswegen ab, weil sie die Nähe zum Tier schlechthin als Erniedrigung empfanden. Diese Gekränktheit klingt noch heute nach in der trotzigen Behauptung mancher Tierversuchsgegner, die an Tieren gewonnenen Ergebnisse würden sich auf den Menschen grundsätzlich nicht übertragen lassen. Andererseits verkünden sie, das Tier sei gerade wegen seiner großen Ähnlichkeiten mit dem Menschen zu schützen und zu schonen – eine Auffassung, die durch Darwins Theorie schließlich entscheidend gefördert wurde.

Der Tierschutz kam also im 19. Jahrhundert auf, und die Naturwissenschaft hatte daran doppelten

Anteil: Während nämlich die Abstammungslehre das Tier sozusagen in den Rang eines Geschichtssubjekts erhob, traktierte man es in der Medizin als Forschungsobjekt in einer Weise, die eine erste Gegenbewegung auf den Plan rief. Im Streit um die Vivisektion traten denn auch gleich sämtliche Argumente und Aporien zutage, die den Diskurs bis heute kennzeichnen. Die Parolen sind sich sogar fast wörtlich gleich geblieben, was angesichts der seither gemachten wissenschaftlichen Fortschritte immerhin merkwürdig ist.

Hat der Mensch das Recht, Tiere zu töten und zu quälen, um medizinische Erkenntnisse zu gewinnen, die Mensch und Tier zugute kommen? Als diese Frage vor über hundert Jahren aufgeworfen wurde, gab es Tierexperimente schon seit langer Zeit. Doch mit der Einführung quantitativer Kategorien in der Wissenschaft hatte die Anzahl solcher Experimente derart zugenommen, daß die Öffentlichkeit daran Anstoß nahm. Mehrere Möglichkeiten standen nun zur Debatte: Wenn man die Tierversuche abschaffte, wie es die radikalen Rigoristen forderten, stieß man die Medizin zurück in jene Niederungen hohler Spekulation, denen sie eben erst entkommen war, und begab sich auf das Niveau jenes Chirurgen vom Anfang des 17. Jahrhunderts, der seinen Unterricht in aller Brutalität so beschrieb: »Das muß erfahren und erlernt sein, und wenn es hundert Bauern kostet.«

Ernster zu nehmen waren und sind die Diskussionen, in denen die Rechte von Mensch und Tier gegeneinander abgewogen werden. Denn daß auch die Tiere Rechte haben, ist ja das eigentliche Novum in der Weltgeschichte. Noch zu Beginn des 19. Jahrhunderts war es herrschende Meinung unter Juristen, daß Rechtsverhältnisse nur zwischen Menschen bestehen können. Um die Sache ganz klar zu machen, stellte einer sogar eine Liste auf, wer oder was nicht dazu zählt. Darauf stand: »a) Gottheit, b) Tiere«. Wer oder was: Die Sprache offenbart eine charakteristische Unsicherheit, wenn es darum geht, den Tieren einen begrifflichen Platz zwischen Personen und Sachen anzuweisen. Umgekehrt ereiferte sich Schopenhauer über den »erbärmlichen wie unverschämten Kunstgriff«, daß die natürlichen Verrichtungen und Vorkommnisse wie Essen, Schwangerschaft, Geburt und Tod bei Mensch und Tier mit verschiedenen Namen bezeichnet werden.

Es ist klar, daß die Tiere ihre neuen Rechte nicht in Freiheitskämpfen errungen haben, sondern vom philosophierenden Menschen zuerkannt bekamen – interessanterweise just nachdem in Deutschland die wirklichen Freiheitskämpfe schlecht ausgegangen waren. Der reaktionäre Zug der Tierliebe ist nicht zu übersehen: sie blühte auf, als sich die gesellschaftlichen Hoffnungen zerschlagen hatten und die Bürger nur noch privatisierten. Carl Vogt, der Gießener Zoologe, der wegen seines revolutionären Engagements im Jahre 1849 nach Genf fliehen mußte, war der Berufenste, auf diesen politischen Zusammenhang der Anti-Vivisektionsbewegung hinzuweisen: als ihr erklärter Gegner. Tierschutz aus Menschlichkeit, wie der Slogan lautete, hielt er für ausgemachten Unsinn.

Die einzelnen Begründungen des Tierschutz-Gedankens sind selten so klar wie die von Kant. Er sah in der Tierquälerei einzig und alleine die Gefahr, daß die Menschen auch im Umgang miteinander verrohen könnten. Wie Schopenhauer bissig bemerkte, sollten wir also »nur zur Übung« gut zu den Tieren sein; einen eigenen Wert als Wesen gestand Kant ihnen nicht zu. Wo immer aber das geschah, mußte die Argumentation unscharf werden, weil sie auf moralische, religiöse oder ganz generell auf humanistische Gefühle zielte. Tierschutz aus Menschlichkeit ist freilich eine verräterische Formel; sie zeigt, daß sich das Recht der Tiere auf nichts anders als unsere Gefühlskultur gründet.

Für die Gefühlskultur sind bekanntlich die Massenmedien zuständig. Daher erstaunt es nicht, welch hohen Stellenwert sie der Tierschutz-Thematik zumessen. Alle paar Monate läuft im Fernsehen ein reißerischer Enthüllungsfilm über Tierzüchter oder Tiernutzer (in Hessen amtsdeutsche Bezeichnung für Wissenschaftler, die Tierversuche durchführen). Und alle paar Monate findet in irgendeiner Talkshow eine erregte Diskussion darüber statt, wieso nicht längst sämtliche Tierversuche durch »Alternativmethoden« (Zellkulturen) abgelöst wurden. Dabei treten dann gewöhnlich »Experten« für Ethik, Sozialpsychologie und Juristerei auf, die von naturwissenschaftlicher Forschung nichts und von den tierexperimentellen Erfordernissen etwa in der Physiologie noch weniger verstehen. Aber für den Zuschauer erscheinen alle Diskutanten gleich qualifiziert: einerseits Mediziner von Hochschulen mit internationalem oder nationalem Renommee, andererseits Eiferer von eingetragenen Vereinen, die Flugblätter drucken, Demonstrationen organisieren und »ein gewisses Verständnis« für Attentate gegen öffentliche und private Einrichtungen äußern, bei denen Versuchstiere »befreit« werden.

Die Zusammensetzung dieser Diskussionsrunden schwankt zwischen zwei zu eins und acht zu eins zugunsten der Tierversuchsgegner. Wenn Publikum im Studio dabei ist, geht es meist hoch her; dann fühlt sich mancher Moderator angestachelt, mit höhnischen Bemerkungen gegenüber dem in der Regel einzigen Anwesenden, der die Notwendigkeit von Tierversuchen darstellt und verteidigt, billige Lacher zu erzielen. Oder es läuft wie bei Lea Rosh, in deren Live-Sendung scheinbar unvorhergesehen Demonstranten mit Tiermasken und Transparenten vor die Kameras zogen und Rederecht forderten. Die Moderatorin mimte die Überrumpelte, doch Zeugen, die dabeigewesen waren, berichteten von einer »herzlichen Verabschiedung mit Küßchen links und Küßchen rechts, die Lea Rosh [nach Ende der Sendung] genau jener Sprecherin der Demonstranten zuteil werden ließ«.

Selbst An- und Absagen von Fernsehbeiträgen zum Thema Tierschutz erweisen sich als eingefärbt. Im ZDF war zu vernehmen, daß »eine wachsende Zahl von Wissenschaftlern (...) immer weniger Sinn in Tierversuchen erkennen« könne. Auf mehrmalige Nachfrage erklärte schließlich der Intendant, bei der »wachsenden Zahl von Wissenschaftlern« handele es sich um die Mitglieder der »Vereinigung Ärzte gegen Tierversuche e.V.« in Frankfurt am Main. Man muß allerdings nicht Arzt sein, um dort Mitglied zu werden. Und so waren zum Zeitpunkt jener Sendung auch nur zehn Prozent der Mitglieder Ärzte, nämlich ungefähr 35.

Die deftigsten Manipulationen in diesem Bereich gehen indes auf das Konto des Stuttgarter Filmemachers Stefan Eckart, eines gerichtsnotorischen Fälschers. Im März 1986 hatte das von Franz Alt geleitete SWF-Magazin *Report* einen Beitrag Eckarts über Tierhändler ausgestrahlt, der anschließend Gegenstand eines Prozesses vor dem Münchner Landgericht wurde. Dabei stellte sich heraus, daß der Fernsehjournalist einem Tierhändler 20.000 Mark dafür geboten hatte, daß er vor laufender Kamera einen Hund erschlüge. Schon damals war Eckart für die Justiz kein unbeschriebenes Blatt mehr: Als Gründer einer Tierschutzorganisation namens »Save« mußte er sich in

Stuttgart für finanzielle Unregelmäßigkeiten verantworten, die den Schluß nahelegten, daß die Organisation weniger dem Wohl der Tiere als dem der »Retter« diene. Eckart wurde wegen Betrugs zu einer siebenmonatigen Haftstrafe mit Bewährung verurteilt. »Bei einem der Prozesse setzte das Gericht die Hauptverhandlung aus und empfahl Eckart der Obhut eines Psychiaters«, berichtete die *Stuttgarter Zeitung*.

All dies war für die öffentlich-rechtlichen Fernsehanstalten jedoch offenbar kein Hinderungsgrund, Eckart wieder und wieder zu beschäftigen. 1991 konnte Eckart erneut einen Beitrag in der ARD unterbringen, diesmal beim NDR. Wieder wurden gestellte Szenen gezeigt. Außerdem ließ Eckart seine Gönnerin Gertrud Schairer in Stuttgart zu Wort kommen. Die mit der Verdienstmedaille der Bundesrepublik Deutschland ausgezeichnete Tierschützerin klagte, sie habe im Kampf für die Tiere bereits 140.000 Mark Schulden gemacht. Nach der Sendung flossen ihr innerhalb kürzester Zeit so viele Spenden zu, daß die Finanzen der alten Dame saniert waren.

1994 war unter dem Titel *Schlachthof der Kuscheltiere* erneut ein Elaborat von Eckart im Fernsehen zu sehen. Es ging um den qualvollen Tod ausgedienter Zootiere. Der Zuschauer erfuhr, daß überzähliger Bärennachwuchs verkauft und geschlachtet wird. Auch war zu sehen, wie ein Raubtier mit einem Kleinkalibergewehr beschossen wird. Diese unsachgemäße Tötung wurde eigens für die Filmaufnahmen inszeniert. Interviews mit Mitarbeitern des Stuttgarter Tierparks Wilhelma wurden in ihrer Aussage grob verfälscht.

1996 strahlte die ARD wiederum eine exklusive Eckart-Reportage aus: 30 Minuten über »die Hundemafia«. Diesmal stellte er einen schwäbischen Hundehändler an den Pranger – mit Namen und Adresse –, dem er vorwarf, Tiere von einem Züchter zu beziehen, der gleichzeitig Tierversuchslabors beliefere. Das ist also nach Meinung deutscher Fernsehverantwortlicher ein strafwürdiges Vergehen. SWF-Chefkorrespondent Immo Vogel will von der trüben Vergangenheit seines Mitarbeiters nichts gewußt haben. Doch zwei ZDF-Redakteure hatten die Kollegen in Baden-Baden rechtzeitig davor gewarnt, daß Eckart »mit kriminellen Methoden« arbeitete. Dabei beherrscht der Filmemacher auch die sanfte Tour: So manchem Tierhändler, den er zur Strecke brachte, bot er anschließend eine Zusammenarbeit an. Zum Beispiel jenem Gelnhauser Geschäftsmann, mit dem er einen Vorvertrag über ein bislang nicht erschienenes Buch schloß – Arbeitstitel: »Holocaust der Tiere«.

Schon wegen dieses halluzinatorischen Titels ist das Werkvorhaben wertvoll. Wissenschaftler, die in ihrem Fach Bahnbrechendes leisten und dabei hin und wieder ein Versuchstier erst betäuben und dann einschläfern, kennen die hinter solchen Parolen stehende Wirklichkeit. Einem brachte zum Beispiel der Postbote am Weihnachtsabend ein Päckchen nach Hause, das er – durch vorausgegangene Brandanschläge und Morddrohungen gewitzt – gleich von der Kriminalpolizei öffnen ließ. Es enthielt Asche und eine tote Amsel mit der Ankündigung, auch der Betreffende würde bald zu Asche. An allnächtlichen Telephonterror hatte sich seine Familie bereits gewöhnt. In Deutschland gehen derartige Aktionen nicht von einem einzelnen irren »Una-Bomber« aus, sondern von wohlorganisierten Gruppen, denen respektierliche Vereinigungen und Verbände politisch Flankenschutz gewähren.

Der totalitäre Anspruch, der sich im Kreuzzug gegen die Tierversuche zeigt, ist in der Tat eine Spezialität deutscher Philosophie. Nachdem das Projekt rationaler Normbegründung offenbar auf Grund gelaufen ist, steigt man nun um in die Rettungsboote der Irrationalität. Die Auffassung, daß ethischer Fortschritt einen Preis an Vernunft koste, kommt allgemein in Mode und findet in den Kampagnen der Tierversuchsgegner ihr Exempel. Wenn nicht alles täuscht, kommen die Tiere bei uns bald in den Besitz von Bürgerrechten. Wenigstens legen manche Äußerungen von Tierschützern diesen Schluß nahe: Da ist von der »Abschaffung der Sklaverei« die Rede, da widmet der ehemalige Vizepräsident eines Obersten Landesgerichts seinen Kommentar zum Tierschutzgesetz »dem Mops Nero«, und ein früherer Präses der Hamburger Wissenschaftsbehörde postulierte, daß es »nicht gerechtfertigt werden kann, Tieren Leiden zuzufügen, welche Menschen sich nicht gefallen lassen würden«.

Wir dürfen also unsere eßbaren Mitbürger begrüßen und ihnen alles Gute wünschen in einer Lebenswelt, die nicht durch die Wissenschaft, sondern durch viele andere Faktoren für sie immer unwirtlicher wurde: durch die Industrialisierung der Landwirtschaft, durch Autobahn- und Städtebau, ja sogar durch die emotionalen Insuffizienzen der Tierliebhaber selbst. Das Drama der Haustierhaltung in winzigen Stadtwohnungen entspringt ja einem Gefühlsnotstand, dessen massenpsychologisches Moment aus den hysterischen Verlautbarungen der geharnischten Tierschützer schreit.

Die emotionale Seite soll damit nicht abgewertet werden. Nur auf ihr findet schließlich die Begegnung mit dem Tier statt, eine Begegnung, die bei jedem nicht vollkommen verhärteten Menschen stummes Staunen, urzeitliche Erinnerung und numinose Gefühle auslöst – auch bei Wissenschaftlern. Ihnen dies abzusprechen und sie als erfolgsbesessene Sadisten hinzustellen, gehört hingegen zum demagogischen Repertoire der hundertjährigen Bewegung, die einfach das Monopol für die Moral besitzen möchte. In Wirklichkeit sorgt jeder Forscher schon aus einem simplen Grund dafür, daß es seinen Versuchstieren gut geht: Wenn sie krank oder gestreßt sind, ergeben die Experimente mit ihnen keine brauchbaren Resultate.

Im Gegensatz zu den vom Machtkalkül diktierten Vorstellungen der organisierten Tierschützer ist das Verhältnis des Menschen zum Tier grundsätzlich offen. Es gibt keine typischen Konstellationen. Es gibt den Bauern, der Tiere züchtet und an Schlachthöfe verkauft und selbst kein Fleisch ißt, weil er es sentimental nicht erträgt; es gibt den kleinen Jungen, der arglos Fliegen Flügel ausreißt und Schnecken mit Salz bestreut, um zu sehen, was nun passiert; es gibt den KZ-Wächter, der zärtlich seine Hunde liebt. Es kann zwar kein Tierschutz außer aus Menschlichkeit zustandekommen, ihn aber zum Testfall unserer Menschlichkeit zu erklären, ist ein fataler Irrtum. Zwischen Nutzen und Moral klafft ein Abgrund, über den die Logik keine Brücke schlägt. Im Kampf zwischen Wissenschaft und Glauben, in dem der Streit um die Tierversuche nicht mehr als ein Einzelgefecht darstellt, wird es keinen Sieger geben, weil der Geist den abgründigen Widerspruch in sich selber trägt. Welche Verwicklungen der Argumente dabei auftreten, mögen noch zwei Beispiele verdeutlichen:

Die Tierversuchsgegner, von den Extremisten abgesehen, fordern, daß die Kreatur nicht gequält werde um des Erkenntnisfortschritts willen. Ausschlaggebend sei dabei die Leidensfähigkeit der jeweiligen Tierart. Die Tötung des Versuchstiers wiegt dagegen weniger schwer, was sich ja, solange man nicht vegetarisch lebt, von selbst versteht. Doch darin drückt sich wiederum der unauflösbare Grundwiderspruch unseres Verhältnisses zum Tier aus. Während die Ethik lehrt, daß beim Menschen das Recht auf Leben als allerhöchstes Gut zu schützen sei, selbst wenn es ein Leben in Leid und Qualen ist, gilt für das Tier die umgekehrte Reihenfolge: lieber schlachten als leiden lassen – und zwar ebenfalls unter dem Titel Menschlichkeit.

In einer anderen Auseinandersetzung geht es um vergleichende Wertung von Nutzen und Moral. Der wissenschaftliche Nutzen von Tierexperimenten steht von jeher außer Frage. Er ist sogar so groß, daß die Befürworter ihn als quantitatives Argument gebrauchten. So groß sei der Nutzen, sagten sie nämlich, daß selbst ein sonst verwerfliches Moment – eben das Zufügen von Schmerzen – dadurch gerechtfertigt werde. Dagegen wandte schon der englische Dichter (und Lord-Oberrichter) Samuel Taylor Coleridge ein, daß der Nutzen von Experimenten am Menschen gewiß noch viel größer sei, woraus aber niemand die Berechtigung dazu ableite. Wenn man dies jedoch anerkenne, so gebe man damit zu, daß eigentlich den moralischen Argumenten der Vorrang vor den Nützlichkeitserwägungen gebühre.

Wahrhaftig, es gibt nur einen Weg, dem Dilemma lebend zu entrinnen: indem man sein Dasein als Veganer fristet. Doch Vorsicht beim Genuß von Tiefkühlspinat: Dem Gerücht zufolge werden von den Erntemaschinen auch ein paar Feldmäuse mitverarbeitet.

Revolution in Transsylvanien

Unter den Journalisten der englischen *Times* gab es einmal eine Art Wettbewerb um die dümmste Überschrift. Die siegreiche Headline lautete: »Kleines Erdbeben in Chile – nicht viele Tote«. Dieses »nicht viele Tote« – »not many dead« – wurde inzwischen zu einem geflügelten Wort. Es sagt viel über die Gefahr gedanklicher Perversion, die der Beruf des Hiobsbotschafter mit sich bringt. Eingeschworen, eingespurt auf jede Menge Unheil, sind Journalisten manchmal fast enttäuscht, wenn es nicht viele, gewissermaßen nicht genügend Tote gibt.

War es dieser Reflex, der zu jener gigantischen Fehlinformation führte, mit der die rumänische Revolution behaftet bleibt? Die Rede ist von der ungeheuerlichen Zahl der Opfer, die während der Weihnachtstage 1989 im Kampf gegen das Ceauşescu-Regime gefallen sein sollen: 60 000 bis 70 000 Menschen, wie sämtliche Medien der Welt tagelang gleichlautend meldeten. Einen Monat später, am 27. Januar 1990, gab es Rabatt. Nach offiziellen Angaben waren es jetzt an die 99 Prozent weniger, nämlich 689 Tote.

Solche Zahlen verleiten zum Zynismus. Um ihm nicht zu verfallen, kann man sich auf den Standpunkt stellen, es sei gar nicht so wichtig, wie viele Menschen damals ums Leben kamen, denn jeder Getötete sei ein Toter zuviel. Ein Mörder wird kaum weniger bestraft, wenn er nicht sieben, sondern nur drei Menschen umgebracht hat, und zumal in Deutschland muß man gegenüber dem Versuch, mit Rechenoperationen in die Dimension des Grauens vorzudringen, besonders wachsam sein. Doch dieses humanistische Argument birgt eine große Gefahr: Es unterminiert die härteste geschichtliche Gewißheit, die sich überhaupt denken läßt.

Selbst als Gegenstand wissenschaftlicher Erforschung ist Geschichte eine weiche, formbare Materie. Ihre Erzählung unterliegt dem Spiel der Perspektiven und der Interpretationen. Es gibt nur weniges von objektiver Geltung. Zahlen zählen dazu. Sie sind das unabdingbare Gerüst historischer Gewißheit, und abgesehen von der kalendarischen Rechnung spielt die Zählung von Toten dabei die wichtigste Rolle. So wie die Sterbestatistiken immer noch am zuverlässigsten Auskunft über den Gesundheitszustand eines Volkes geben, so stellen die Zahlen der jeweils Gefallenen gewissermaßen die Fieberkurve der schlachtenreichen Weltgeschichte dar.

Deshalb ist es kein Zynismus, sondern ein Beitrag zur geschichtlichen Wahrheit, mit buchhalterischer Genauigkeit die Toten zu zählen. Und es ist die Anerkenntnis, daß die Nachwelt ihre Existenz nicht durch den Schleier des Ungefähren entwürdigen soll. Die Toten zählen, und wir müssen sie beziffern.

Die Schwierigkeiten dabei können riesig sein: Kaum eine der großen Tragödien unseres Jahrhunderts läßt sich auf diese statistische Weise erfassen. Kurz vor dem Untergang der UdSSR veröffentlichte der KGB das Ergebnis einer Recherche in den eigenen Archiven, derzufolge mehr als eine Dreiviertelmillion Sowjetbürger in den Jahren des Stalinschen Terrors von 1930 bis 1953 als Staatsfeinde erschossen wurden. Doch die Gesamtzahl der Opfer des Regimes liegt weitaus höher. Der russische Historiker Roy Medwedjew schätzt sie auf zwölf Millionen, der amerikanische Historiker Robert Conquest sogar auf 20 Millionen. Und wie viele Menschen starben vor 45 Jahren im brennenden Dresden? Offiziell 35 000, wahrscheinlicher ist das Dreifache.

Das Dreifache, aber nicht das Hundertfache. Um diese Diskrepanz handelt es sich jedoch bei den Angaben aus Rumänien: von 70 000 Toten war die Rede, dann von 10 000, und weitere zwei Wochen später von 700. Alle drei Zahlen waren amtlich, das heißt von Mitgliedern der »Front zur nationalen Rettung«, also den neuen Machthabern, bestätigt worden – auch wenn es der wendige Silviu Brucan später so hinzustellen versuchte, als sei mit der ersten Zahl die Summe aller Opfer der Ceaușescu-Zeit gemeint gewesen.

Wer in Rumänien wann für welche Falschmeldung verantwortlich war und ist, braucht hier nicht erörtert zu werden. In einem Land, wo die Desinformation jahrzehntelang Bestandteil der Regierungspolitik war, wo der Staatschef selbst ein gefälschtes Geburtstagstelegramm der Queen veröffentlichen ließ, da ist vieles möglich. Die wesentliche Frage lautet: Wieso fanden diese und weitere, einander an Scheußlichkeit überbietende Falschmeldungen so leicht Eingang in unsere Medien, wieso wurden sie ungeprüft verbreitet?

Die französische Presse hat sich dieser Frage gestellt und nicht nur Selbstkritik geübt, sondern auch ausführliche Berichtigungen publiziert. Auf mehreren Kolloquien kam die Geschichte jenes Massengrabs zur Sprache, das die Monatsschrift *Le Monde Diplomatique* als »die größte Fälschung seit der Erfindung des Fernsehens« bezeichnete.

Die Rede ist von jenen neunzehn Leichen auf dem Temeswarer Armenfriedhof, deren Bilder am Freitag, dem 22. Dezember 1989, um die Welt gingen: Bilder von hypnotischer Gräßlichkeit, die zum Härtesten gehören, was das Deutsche Fernsehen den Zuschauern bis dahin zugemutet hatte. Lange verweilte die Kamera auf dem Kadaver einer Frau, auf deren aufgeschlitztem Bauch ein Baby lag. Die Leichen seien in einem Massengrab entdeckt worden, erfuhr man: Opfer der Securitate. Und in den Zeitungen konnte man anderntags nachlesen, wie grauenhaft die Opfer gefoltert worden seien: »ausgerissene Fingernägel, ausgestochene Augen, aufgeschlitzte Bäuche, verbrühte und verstümmelte Gliedmaßen«, stand beispielsweise in der *Zeit.* Und der *Spiegel* zitierte einen angeblichen »Arbeiter-Milizionär« mit der Behauptung, »die Teufel der Securitate« hätten der Frau den »fast ausgewachsenen Fetus« aus dem Leib geschnitten.

Doch bald stand fest, daß nichts an der makabren Story stimmte. Die Leichen waren gerichtsmedizinisch obduziert und dann regulär bestattet worden – auch die vermeintliche Mutter mit Kind. In Wahrheit hatten beide nichts miteinander zu tun; die Frau war bereits im November einer Alkoholvergiftung erlegen, das Kind, übrigens kein Fetus, war im Alter von zweieinhalb Monaten Anfang Dezember gestorben. Dafür verbürgte sich der Gerichtsmediziner Leonhard Dressler in Temeswar. Er selbst hatte die Autopsien an mehreren der gezeigten Leichen vorgenommen. Seine Aussage erreichte erstmals am 23. Januar 1990 die deutsche Öffentlichkeit und zwar durch einen Beitrag von Heinz Hollaus in RTL plus.

Ist das möglicherweise der Grund, warum es die anderen deutschen Fernsehanstalten sorgfältig vermieden, der Fälschung eine Richtigstellung folgen zu lassen? Doch warum reagierte auch die deutsche Presse nicht? Man kann es allenfalls mit Scham erklären. Denn wahrhaftig: Der Fall ist so eklatant, daß er in den journalistischen Annalen wohl keine Parallele hat.

In Temeswar gräbt jemand (Und noch lange mußte man sich fragen: Wer?) ein paar verweste Leichen aus, und schon läuft die Weltpresse zusammen, um ihrem Publikum eine durch nichts Vorfindliches gestützte Schreckensstory aufzutischen.

So wurden Obduktionsschnitte zu Foltermalen, und die Tatsache, daß die Verwesung schon vorangeschritten war, fand in der spanischen Zeitung *El Pais* ihre Erklärung damit, daß die Securitate die Leichen durch Säure unkenntlich gemacht habe. Manche Artikel grenzten schon an schriftstellerischen Amoklauf – und reflektierten allenfalls dadurch die Situation ihres Entstehens. Von Robert Capa, dem berühmten Pressephotographen, der zu allen Kriegsschauplätzen reiste, stammt der Satz: »Diese Toten wären umsonst gestorben, wenn sich die Lebenden weigern würden hinzusehen.« Der Satz mag in den schlimmsten Augenblicken manchem Reporter eine Stütze sein. Doch wie sehr hat sich die Arbeit der Reporter seit Capa verändert: In der Regel weiß die Redaktion viel mehr als sie und braucht keine Nachrichten, sondern Atmosphäre. Das heißt aber, keiner darf heimkommen und sagen: Es war nichts. Denn wohl gibt es manchmal keine Nachrichten, aber Atmosphäre findet sich natürlich immer.

Insofern war es schon ein journalistisches Bravourstück, als Colette Braeckmann, die am 23. Dezember 1989 vor Ort war, in der Brüsseler Zeitung *Le Soir* schrieb: »Ich habe nichts gesehen in Temeswar.« Doch auch sie rückte damit erst Ende Januar heraus, als die Zweifel an allem, was während der Revolutionstage aus Rumänien berichtet worden war, ein erdrückendes Maß erreicht hatten. Aber welcher Korrespondent hätte sich erdreistet, solche Zweifel laut werden zu lassen, während überall bodenlose, aber beeindruckend präzise Schreckenszahlen kursierten? 4632 Menschen habe die Securitate in Temeswar binnen weniger Tage hingeschlachtet, meldeten zunächst die Nachrichtenagenturen der DDR und Jugoslawiens, dann übernahmen alle übrigen die Zahl. 4632 Tote – das übersteigt die Hekatombe des Massakers von Katyn, zu dem sich die Sowjetführung schließlich bekannt hatte.

Offenbar besaß kaum einer der Reporter oder Redakteure, die mit den rumänischen Greuelnachrichten zu tun bekamen, eine Vorstellung von dieser Zahl, geschweige denn von jenen 60 000 bis 70 000 Toten, die es im Laufe einer Woche landesweit gegeben haben sollte. Niemand war in der Lage, das zu tun, was doch der Journalisten tägliches Geschäft sein sollte: nämlich die Plausibilität einer Nachricht abzuschätzen. Niemand erklärte, daß eine solche, mehrfach offiziell beglaubigte Bilanz nur durch eine Mordmaschinerie von der Art der nationalsozialistischen Vernichtungslager oder durch Abwurf von Bomben (mit einem entsprechend sichtbaren Ausmaß äußerer Zerstörungen) möglich gewesen wäre, und daß man, sollte die Securitate während einer Woche in Temeswar mehr als 4000 Leichen in Massengräbern beerdigt haben, dort Tag und Nacht den Lärm von Baggern und Bulldozern hätte vernehmen müssen. Statt dessen wurde fast gleichzeitig gemeldet, welche Anstrengungen die Securitate unternahm, um zwei Dutzend Tote, die offenbar zu Beginn des Aufstands in Temeswar erschossen wurden, unerkannt verschwinden zu lassen: indem sie sie bei Nacht in die Hauptstadt transportierte und zu einem Krematorium brachte.

Verständlich und zu achten ist es, wenn einem diese brutal-nüchternen Überlegungen widerstreben. Doch komme niemand und behaupte, solche Sensibilität habe die Journalisten gehindert, mit der gebotenen Verstandesschärfe an die furchtbare Zahl heranzugehen. Nein, es war nicht Sensibilität, sondern im Gegenteil: Nekrophilie. Die Medien waren auf Massaker begierig.

Die rumänische Revolution, das fühlte jeder, ging nicht so friedlich vonstatten wie die Umwälzungen in den anderen Ländern des einstigen Ostblocks. Irgendwo wollte man denn doch den Kommunismus mit gebührendem Getöse zusammenkrachen sehen; die schlichten Bankrotterklärungen der Regierungen in Warschau, Prag oder in Ost-Berlin erfüllten die westlichen Erwartungen einer Götterdämmerung bei weitem nicht. Die makabren Bilder, horrenden Zahlen und entsetzlichen Gerüchte aus Transsylvanien wirkten in diesem Kontext gleich viel wahrscheinlicher.

Erinnert sei auch an die – später spurlos aus der Aktualität verschwundenen – syrischen Söldner, die tagelang durch Städte, Karpaten und einschlägige Reportagen geisterten. Von weiteren Ausschmückungen wie den für Ceauşescus Blutauffrischungen hingeschlachteten Jünglingen gar nicht zu reden.

So kam also mehreres zusammen: professionelle Unfähigkeit in den Redaktionen – wenn man schon sein Publikum mit Meldungen über Massenmord beliefert, sollte man auch über Spezialisten in der Bewertung von Massenmordmeldungen verfügen; sodann der übliche Konkurrenzdruck, der sich durch die moderne Übermittlungstechnik bis zur Besinnungslosigkeit verschärft – und eben die apokalyptischen Erwartungen. Dies alles führte dazu, daß die bereits am zweiten Weihnachtstag von Bernard Kouchner bekanntgegebene Bilanz einfach ungehört blieb. Kouchner, der Gründer der Gesellschaft »Médecins sans Frontières«, der später im Ministerrang die Katastrophenhilfe der französischen Regierung koordinierte, erklärte, nachdem er die Bukarester Kranken- und Leichenschauhäuser besucht hatte, die Revolution habe im ganzen Land 766 Todesopfer, davon 364 in der Hauptstadt, gefordert.

Doch alle Zahlen sind dem Geiste eins, wenn das Auge Bilder sieht. Und selbst kritische Geister waren um so mehr geneigt, den Bildern auf der Mattscheibe zu trauen, als doch das Fernsehen während der ganzen

Umsturzperiode in Mittel- und Osteuropa eine maßgebliche Rolle gespielt hatte. Das »Nullmedium« war sozusagen auf dem besten Wege, aus McLuhans Schatten zu treten, indem es Sensation und Revolution verband. Selbst eingefleischte Medienkritiker mußten die Sprengkraft dieses Spektakels anerkennen. Falls es noch eines zusätzlichen Belegs für die politisch progressive Funktion des Fernsehens bedurft hätte, so lieferten ihn die Kämpfe um das Bukarester Funkhaus. Die Bevölkerung wurde via Bildschirm aufgerufen, es durch eine »lebende Mauer« zu schützen. Die Elektrizitätswerke wurden angehalten, die Versorgung zu gewährleisten, denn kein Strom, so lautete die Formel, bedeutete: kein Fernsehen, und kein Fernsehen: keine Revolution.

Elenas Tagebücher

Schlimme Momente der Geschichte haben bekanntlich einen zweiten Auftritt in komödiantischer Form. So kündigte die französische Zeitschrift *L'Événement du jeudi* im Frühjahr 1990 ganz groß und exklusiv ein literarisches »Ereignis« an: Die geheimen Tagebücher der Elena Ceaușescu sollten im renommierten Verlag Flammarion erscheinen. 564 Hefte, hieß es, habe die blutige Elena seit 1977 vollgeschrieben. Sie seien im Dezember in den Räumen des Zentralkomitees in Bukarest gefunden worden. Auf drei Seiten druckte *L'Événement du jeudi* Textauszüge.

Wer sich dann die Mühe machte, den mit abgebildeten Buchumschlag des näheren zu betrachten, bekam allerdings Bedenken, ob es bei dieser Exklusivität mit rechten Dingen zuging: »Bibliothek der Securitate« stand da als Reihentitel, und die Abkürzung bds imitierte den beim Konkurrenzverlag Gallimard gebräuchlichen Schriftzug nrf der »Nouvelle Revue Française«. Als Herausgeber der angeblichen Ceauşescu-Tagebücher zeichnete ein gewisser Patrick Rambaud, der bereits mit literarischen Parodien – zum Beispiel auf Marguerite Duras – einschlägig bekannt geworden war. Auch sonst deutete manches darauf hin, daß Rambaud hier als ein satirischer Kujau zuschlug: Zwar war die Story mit zwei Meldungen der französischen Nachrichtenagentur AFP garniert, wodurch sie einen besonders seriösen Anstrich bekommen sollte, aber unter einer Vielzahl teils verifizierbarer, teils erfundener Details fand sich dort auch die Behauptung, ein rumänischer Schriftsteller namens Negrescu habe die Authentizität der Tagebücher bestätigt: er selbst sei es nämlich gewesen, der sie im Auftrag der analphabetischen Frau Ceauşescu in Schriftform gebracht habe. Negrescu, las man weiter, lebe heute in einem Hotel in Nizza. Das war wohl kein reiner Zufall: Negresco heißt Nizzas berühmtestes Hotel. Die Sache war vielmehr ein Reinfall – und zwar für einige Journalisten wie den Paris-Korrespondenten der italienischen Zeitung *La Stampa,* der anderntags einen vierspaltigen Artikel veröffentlichte, der zeigte, daß er die Parodie für bare Münze nahm.

Er war nicht der einzige. Die Fehlinformation wurde im Radio gesendet, ein italienischer Verleger zückte schon sein Scheckbuch, um die Übersetzungsrechte der vermeintlichen Dokumente zu erwerben, die flämische Zeitung *De Morgen* druckte Textauszüge nach, rang sich aber immerhin zu einem kritischen Kommentar bezüglich ihrer Echtheit durch.

In der Tat fiel es schwer, bei diesen Texten die satirische Absicht zu verkennen: »Ich beneide die einfachen Leute, die in ihren kleinen Wohnungen keine Heizung brauchen«, steht da etwa unterm Datum »Winter 1981«. »Diese Menschen können ja ganz eng zusammenrücken. Aber unsere Villen sind so groß und die Decken so hoch ...!« – Aber wer hat schon Zeit, genau zu lesen, bevor er einen Sensationsartikel abfaßt

Waffen für Sarajewo

Wer hätte es einem Dichter zugetraut, sich derart mit den Medien anzulegen? Wer hätte es für möglich gehalten, daß Peter Handke im Jahr 1996 durch einen einzigen Aufsatz die öffentliche Diskussion in Deutschland über den Krieg in Ex-Jugoslawien so nachhaltig beeinflussen würde? Im Rückblick ist es immerhin erstaunlich, wie sehr sich Tonlage und Optik des allgemeinen Räsonnierens über Serbien, Bosnien und Kroatien seit der Publikation seines winterlichen Reiseberichts verändert haben, und man muß konstatieren, daß ein prominenter Schriftsteller mit einem wütenden literarischen Text vermochte, was keiner seriösen journalistischen Reportage je gelang: ein etabliertes Medien-Trugbild aufzubrechen.

Freilich bleibt im Gedächtnis auch ein groteskes Medienspektakel, das der Veröffentlichung dieser durchaus proserbischen Polemik folgte: Dieselbe *Süddeutsche Zeitung,* in der sie am 5./6./7. und 13./14. Januar 1996 erschienen war, nannte den Autor am 20. März »durchgedreht« und am 26. März »umnachtet«. Die von ihm angegriffenen Blätter und Kollegen, allen voran die *Frankfurter Allgemeine Zeitung,* deren

Herausgeber er als »Haßwortführer«, »Reißwolf und Geifermüller« tituliert, und Peter Schneider, dem er die Urheberschaft an einem »feind- und kriegsbildverknallten Schrieb« vorgeworfen hatte, droschen erwartungsgemäß auf ihn ein. Und eine ganze Riege von Kommentatoren aus der zweiten Reihe trauten sich auf einmal mit deftigen Schmähungen hervor.

Aber der Text, der »Friedenstext«, wie Handke ihn trotzig bezeichnete, war da und tat seine Wirkung – um so mehr, als sein Verfasser eigensinnig genug war, ihn wiederholt und mit Erfolg vor Publikum zu lesen und damit die Meinungsführerschaft seiner publizistischen Gegner direkt herauszufordern. Seither begab es sich in manchen Redaktionen, daß Nachrichten aus dem Kriegsgebiet, die sonst bedenkenlos verbreitet worden wären, gründlicher nachgeprüft wurden; auf einmal konnten Korrespondenten vor Ort auch Berichte übermitteln, die Zweifel an der alleinigen Kriegsschuld der Serben erweckten; und alle Journalisten erinnerten sich plötzlich an Fälle, in denen ihre Eindrücke und Schlußfolgerungen nicht erwünscht gewesen waren, weil sie nicht in das vorherrschende Bild paßten.

Sie, die Journalisten, und die vorgeprägten Bilder waren ja Handkes Hauptthema, so poetisch sich seine Beschreibungen der Menschen, Dörfer und Landschaften an den Flüssen Donau, Save, Morawa und Drina ausnahmen. Mit einer an Claude Simon erinnernden nebensatzreichen und adjektivschweren Detailversessenheit entfaltete Handke eine fulminante Verteidigung der demütigen Einzelwahrnehmung gegenüber einer von den Medien transportierten Scheinrealität und traf damit genau den wundesten Punkt unseres sogenannten Informationszeitalters: Wir erfahren immer mehr und empfinden immer weniger, doch nur beides zusammen kann zum Verstehen führen.

Man konnte dem Verfasser der *Stunde der wahren Empfindung* vorwerfen, daß mit der von ihm vorgeführten Art Empfindsamkeit angesichts von Mord, Folter, Zerstörung und Vertreibung wenig zu gewinnen ist – vor allem keine rationalen Einsichten, die in dem höllischen Haßgefüge zwischen den Völkern Ex-Jugoslawiens so fürchterlich fehlen. Aber das hatte Handke schon bedacht. Er hatte sich sogar gefragt, ob ein derartiges Aufschreiben von Nebensächlichkeiten nicht obszön sei. Doch er gab in seinem Resümee auf diese Frage eine Antwort. Sie lautet: »Die bösen Fakten festhalten, schon recht. Für einen Frieden jedoch braucht es noch anderes, was nicht weniger ist als die Fakten. Kommst du jetzt mit dem Poetischen? Ja, wenn dieses als das gerade Gegenteil verstanden wird vom Nebulösen. Oder sag statt ›das Poetische‹ besser das Verbindende, das Umfassende – den Anstoß zum gemeinsamen Erinnern, als der einzigen Versöhnungsmöglichkeit.«

Selbst wenn er seinen Anspruch auf die bloße Feststellung von Fakten reduziert hätte, wäre Handkes medienkritische Methode unerhört brisant und produktiv gewesen. Sie bestand zwar in nichts anderem als jenem wachen Hinsehen, das angeblich zum Rüstzeug jedes Journalisten zählt, doch anscheinend wurden die professionellen Kriegsberichterstatter, die jahrelang die Welt mit Schreckensnachrichten und -bildern belieferten und bedienten, dieser Mindestanforderung mitnichten gerecht. Ihre Meldungen traten jahrelang auf der Stelle, Leichen häuften sich auf Leichen, Granaten auf Granaten, Verhandlungsakten auf Verhandlungsakten. Obwohl wahrscheinlich, nimmt man alles nur in allem, seit Jahrzehnten kein Thema derart häufig und ausgiebig in Presse, Funk und Fernsehen behandelt wurde wie der serbisch-kroatisch-bosnische Bürgerkrieg, war der Erkenntnisfortschritt selbst bei gebildeten und aufmerksamen Medienkonsumenten nahe null. Höchstens, daß man ein paar bislang unbekannte Ortnamen gelernt hatte: Srebrenica, Tusla, Vukovar.

Handke stellte Fragen, die in der Tat zu denken gaben: Wie zum Beispiel sollten Menschen, die durch eine Staatsgründung wie die kroatische plötzlich in der eigenen Heimat zur Minderheit erklärt wurden, reagieren? Wie hätten diejenigen, die sich aus der Ferne über den Widerstand der Betroffenen so sehr empörten, selbst reagiert? Handkes zorniger Zweifel, subversiv und systematisch, an der ganzen publizistischen Behandlung des serbisch-kroatisch-bosnischen

Bürgerkriegs konnte sich auf vielerlei Verdachtsmomente stützen: Wie leicht die überhasteten, vor blinder Reaktivität oft leerdrehenden Kriegskorrespondenten in ihren Bunkerstudios und -hotels vor Ort zu manipulieren sind, hatte sich nicht erst und nicht zuletzt während des Golfkrieges gezeigt.

Genau dieses Thema hatte ein Jahr vorher ein renommierter Dokumentarfilmer abgehandelt. Marcel Ophüls wollte die Scheinseriosität dieser abenteuerlustigen Reporterelite mit der Kamera entlarven, doch er verlor sich und seinen Vorsatz in manieriertem Amüsement. Handke untersuchte als aufmerksamer Zeitungsleser einfach ihre Produkte sowie diejenigen ihrer redaktionellen Anstifter, die »von ihrem Auslandshochsitz aus auf ihre Weise genauso arge Kriegshunde sind wie jene im Kampfgebiet«. Er nannte sie die »Fernfuchtler«.

Ophüls versuchte sich an einem Stück Medienkritik, das von der Frage ausging, ob Auschwitz möglich gewesen wäre, wenn damals die Weltöffentlichkeit so minutiös informiert worden wäre, wie das in bezug auf Bosnien der Fall war. Doch gerade diese Voraussetzung ist falsch: Die Welt wurde im Falle Bosniens sogar systematisch desinformiert, und Ophüls wäre schon der Richtige gewesen, dies zu zeigen. Er hatte die Kriegsreporter bereits seit einer Weile im Visier: Zunächst wollte er sie während des Golfkriegs porträtieren, aber angeblich zogen weder die BBC noch das

französische Fernsehen mit, so daß der vielverspre-
chende Plan flachfiel. Dann bot sich der Krieg in Bosnien als eine günstige Gelegenheit.

Allein, vom ketzerischen Impetus des Filmemachers blieb wenig übrig: Statt dessen missionierte er
für die Überzeugung, daß diese Journalisten eigentlich Helden seien, daß sie es ernst meinten mit ihrem
Anspruch, die Wahrheit zu vermitteln, und daß sie
dafür einen aufreibenden Kampf mit ihren Zentral-
redaktionen kämpften, die immer bloß Zwei-Drei-
ßig-Filmchen über das Thema der letzten Agentur-
meldung von ihnen wollten. John Burns von der *New
York Times* zum Beispiel, der für ein ziemlich proble-
matisches Interview mit einem gefangenen bosnisch-
serbischen Kriegsverbrecher den Pulitzerpreis bekam,
wurde beinahe als Schutzengel für die Bevölkerung
von Sarajewo hingestellt. Dafür ließ Ophüls ihn auch
Sätze sagen wie: »Es ist zwar nicht spaßig, Leute sterben zu sehen. Aber wir haben hier enorm viel Spaß.«

Und das war auch die schlichte Wahrheit. Denn was
hatte sie hergeführt – Burns und seine Kollegen, die
im Namen und auf Rechnung der größten Fernsehanstalten, Rundfunksender und Zeitungen dieser Erde
das mittlerweile legendäre Holiday Inn von Sarajewo
bevölkerten? Gefahrengeilheit, Karrierekalkül und
Alltagsüberdruß. Oder, wie bei Burns, der Wunsch,
Abstand zu einer gerade überstandenen Krebskrank-
heit zu gewinnen – seinen Einsatz im Kriegsgebiet

bezeichnete er allen Ernstes als »das beste Rehabilita-tionsprogramm das ich bekommen konnte«.

In solchem menschlich-allzumenschlichen Gequas-sel erschöpfte sich der Erkenntnisgewinn des vierstün-digen Films *Veillées d'armes* (englische Fassung: *The Troubles We've Seen*), mit dem Ophüls die Arbeit der Kriegsberichterstatter in Bosnien entlarven (?), kriti-sieren (?), auf die Schippe nehmen (?) wollte. Wäh-rend die Bevölkerung in offensichtlich nutzlosen UN-»Schutzzonen« massakriert wurde, erörterten die Medienvertreter ihre Urlaubsorte und ihre Sozialver-sicherung: ZDF-Korrespondent Heinz Metlitzky, seit dem Einmarsch der Russen in Prag immer an vor-derster Front, vertraute Ophüls an, er fliege, um von dem Granatenhagel in Sarajewo auszuspannen, mit seiner Freundin in die Ferien nach Bali. Und Martine Laroche-Joubert, die fast jeden Abend mit den Neuig-keiten aus Ex-Jugoslawien im Programm France 2 zu sehen war, machte Ophüls das umwerfende Geständ-nis, sie brauche wegen ihrer vielen Abwesenheiten von Paris zu Hause ein Au-Pair-Mädchen, das sich um ihr Kind kümmere und sei deswegen auf die Unterhalts-zahlungen von ihrem Ex-Mann angewiesen.

Der erste Teil des Films begann an der Pariser Gare de l'Est und endete in einem Wiener Hotelzimmer. Am Anfang führte Ophüls einen Kofferkuli-Slapstick vor, am Schluß eine Naßrasur, ein Telephonat und ein Callgirl. Der zweite Teil begann und endete in Venedig mit Maskentanz zum Karneval. Das alles hatte zwar mit der Tätigkeit von Kriegsberichterstattern nichts zu tun, gehörte aber wohl zur atmosphärischen Ausstattung der Reportage. Dabei hatte Ophüls einst beim amerikanischen Fernsehsender CBS gelernt, daß sogar die Verwendung von Musik verpönt sein sollte – wegen emotionaler Manipulation. Richtig abgefeimt indes war der Verschnitt von aktuellen Aufnahmen aus Bosnien mit Szenen aus alten Spielfilmen – montiert mit einem philiströsen Augenzwinkern an alle Filmhistoriker. Da folgte auf den erschütternden Anblick eines schwerverwundeten Kindes das theatralische Geträller einer Zirkusvorführung, zur Illustration der Kälte im Kriegsgebiet gab es eine Schlacht im Schnee aus einem anderen historischen Leinwandschinken, und wenn ein orthodoxer serbischer Priester eine Messe zelebrierte, dann fiel Ophüls dazu ein Archivstück aus der Nazizeit ein.

Natürlich sollte das alles etwas illustrieren: die Folgenlosigkeit optischer Schocks im Zapping-Zeitalter, das Archaische des Kriegführens, die geschichtliche Dimension der politischen Konstellation. Aber diese Erkenntnisse und Lehren – falls sie denn beabsichtigt waren – ergaben sich nicht aus der demonstrativ zynischen Nummernshow, die der maskenverliebte Ophüls, aalglatt-abgründig, ironisch-ernst, polyglott-sprachlos, am Schneidetisch zurechtmischte. Vor allem gingen die wesentlichen Probleme der

Kriegsberichterstattung in jener sonderbaren Haudegenromantik völlig unter. Etwa die Tatsache, daß die Berichterstatter in diesem Krieg schon deshalb eine besondere Rolle spielten, weil sämtliche verfeindeten Parteien wußten, daß ihr Konflikt die Sicherheitsinteressen des Westens nicht essentiell berührte. Die einzige Möglichkeit, die westlichen Regierungen mit hineinzuziehen, bestand daher darin, die öffentliche Meinung in den westlichen Ländern zu mobilisieren, und dafür wurden die Medien gebraucht.

Mit welchen Mitteln die Journalisten in die Irre geführt wurden, hat die Münchner Journalistin Mira Beham in ihrem Buch *Kriegstrommeln* ausführlich beschrieben. Die Beispiele reichen von den dramatischen Zerstörungsmeldungen des Bürgermeisters von Dubrovnik, die ein großer Bluff waren, über die ebenso trügerischen Appelle gewisser Amateurfunker, die nicht nur die Presse, sondern auch das UN-Personal nasführten, bis zu der Tatsache, daß die Nachrichtenagentur Associated Press in Sarajewo zwei Mitarbeiterinnen beschäftigte, die den höheren Rängen der bosnischen Armee angehörten.

Zwei Themen ragen aus diesem Meer der Desinformation heraus, weil sie größere Wirkungen im weltpolitischen Maßstab zeitigten als alle anderen – und weil sie bis heute in der öffentlichen Diskussion verdrängt werden.

Die Massenvergewaltigungslager

Zwischen Oktober 1992 und März 1993 berichteten die Medien über serbische Konzentrationslager, in denen muslimische Frauen systematisch – zum Zwecke der Demütigung und als Mittel der »ethnischen Säuberung« – vergewaltigt und geschwängert worden seien. Horrende Zahlen wurden gehandelt: Nach einem im Januar 1993 veröffentlichten EU-Bericht sollten es 20000 sein, nach Angaben des bosnischen Innenministeriums 50000, *Paris-Match* zufolge 60000. Für die Europäische Union war eine sechsköpfige Delegation, angeführt von der britischen Ex-Diplomatin Anne Warburton und der französischen Ex-Ministerin Simone Veil, nach Kroatien und Bosnien gereist; sie hatten sich fünf Tage lang umgesehen, hie und da auch Flüchtlinge interviewt und sich vom Roten Kreuz, der Caritas und anderen humanitären Organisationen alles mögliche erzählen lassen. Die Zeugnisse, auf die sie sich stützten, waren fast durchweg aus zweiter oder dritter Hand. Aber obwohl die Kommission selbst die prekäre Quellenlage unterstrich, stürzte sich die Weltpresse – bis hin zu *Newsweek* – auf diese von einer Kriegspartei lancierten »Informationen«. Der stellvertretende Chefredakteur des öffentlich-rechtlichen Fernsehkanals France 2, Jacques Merlino, bekannte später, ihm seien angesichts dieser Leichtfertigkeit der Medien die Haare zu Berge gestanden.

In Deutschland hatte die Journalistin Alexandra Stiglmayer mit der Story durchschlagenden Erfolg. Ihr im November 1992 vom *Deutschen Allgemeinen Sonntagsblatt* und der Zürcher *Weltwoche* veröffentlichter Artikel wurde von vielen deutschen Tageszeitungen nachgedruckt; der *Stern* bekam eine eigene Fassung. Auch die *Zeit* benutzte dieses Material und erzählte dasselbe: in Doboj beispielsweise seien 2000 muslimische und kroatische Frauen in einer »dunklen Turnhalle ohne Licht« festgehalten und »immer wieder vergewaltigt« worden. Daraufhin riefen Rita Süßmuth und andere Bundespolitiker zu einer Spendenaktion aufgerufen und warben für die Adoption der angeblich massenhaft zu erwartenden Babys, deren Mütter sie als Früchte der Feinde und der Schande betrachteten und sofort loswerden wollten. Das Fernsehen sollte diese Spendenaktion unterstützen. Deshalb schickte die ARD-Sendung *Panorama* eine Reporterin nach Zagreb los. Es galt, ein paar bewegende Filmaufnahmen zu machen: von vergewaltigten Frauen und von ausgesetzten Babys. Angesichts ihrer enormen Anzahl sollten sie leicht zu finden sein. Dachte die Reporterin.

In und um Zagreb gab es ein Dutzend Flüchtlingslager. Manche wurden von muslimischen Fundamentalisten geführt, die Unterstützung aus Ägypten erhielten. Hier bekamen westliche Reporter keinen Zutritt. Im Lager Resnik jedoch, etwas außerhalb der Stadt gelegen, hatte das ARD-Team mehr Glück. In ehemaligen

Schul- und Kasernengebäuden inklusive Tiefgarage lebten an die 9000 von den Serben vertriebene Muslims aus Bosnien und Herzegowina, darunter viele Frauen, die auf die Frage nach Vergewaltigungen erstaunlich offen und detailreich zu berichten anfingen – sogar in Anwesenheit von Männern und vor laufender Kamera.

Die Reporterin hatte erwartet, daß es schwer sein würde, mit vergewaltigten Frauen zu sprechen, und noch schwerer, sie zum Sprechen zu bringen. Jetzt war sie von den ausdrucksstarken Schilderungen scheußlicher Szenen doch überrascht – und ein bißchen irritiert; deswegen tat sie, was in einer solchen Situation vielleicht das Schwerste ist: Sie fragte nach. Sie fragte, wann und wo genau die Vergewaltigungen stattgefunden hätten und ob die Frauen die Täter kennen würden. Das löste einige Verwirrung aus. Woher sie das denn wissen sollten, war die Antwort. Sie seien doch nicht vergewaltigt worden, erklärten die Frauen. Sie hätten bloß wiedergegeben, was ihnen von anderen Frauen erzählt worden sei.

Auch alle weiteren Bemühungen, eine einzige Zeugin für etwas zu finden, was 60 000 Menschen widerfahren sein soll, erwiesen sich als vergeblich. Kroatische Ärztinnen und Psychologinnen in den Krankenhäusern Zagrebs waren zwar meistens bereit, gegen Honorar über das Thema zu sprechen, aber sie weigerten sich stets, direkten Kontakt zu einer Betroffenen zu vermitteln. Von einem Chefarzt, den sie eine Woche lang bestürmte, erfuhr die deutsche Journalistin schließlich, warum er sie von einer Frau, die als Vergewaltigungsopfer bezeichnet worden war, fernhielt: Sie war geistig behindert. (In der *Frankfurter Rundschau* hieß es dann, sie habe nach dem, was ihr zugefügt worden war, den Verstand verloren.)

Auch die vielen Babys, von denen ständig die Rede war, schienen auf einmal verschwunden zu sein. Nicht einmal Jelena Brasja, die örtliche Caritas-Chefin, die das ARD-Team auf die Fährte bringen wollte, war mehr zu erreichen. Die Kinder, die der *Panorama*-Mitarbeiterin schließlich in einem Waisenhaus gezeigt wurden, waren alle über vier Jahre alt: So lange hatte der Krieg – zum Glück – noch nicht gedauert. Da begriff die Fernsehjournalistin, daß sie den geplanten Film nicht drehen konnte. Statt dessen hätte sie ein Stück über falsche Informationen und fehlende Beweise liefern können. Aber das wünschte die Redaktion ganz und gar nicht. Man bat die Reporterin, unverrichteter Dinge heimzukehren, und schickte eine andere nach Zagreb, die dann auftragsgemäß die vierjährigen Waisenkinder filmte – als Beweis für Massenvergewaltigungen, die höchstens ein Jahr zurücklagen.

Der Fernsehjournalist Martin Lettmayer, der bereits im Herbst 1992 ähnliche Recherchen angestellt und ähnliche Erfahrungen gemacht hatte, schrieb in der *Weltwoche:* »Ich führte damals mit zahlreichen

Chefredakteuren von Fernseh-Auslandsmagazinen Gespräche (n-tv, ZDF, Satı, Deutsche Welle usw.) und berichtete ihnen von meinen Nachforschungen. Einigen zeigte ich das Filmmaterial. Keiner zweifelte am Ergebnis meiner Recherchen. Aber keiner traute sich damals, gegen den Wind der öffentlichen Meinung zu blasen. Wer die Vergewaltigungslager anzweifelte, lief Gefahr, als Vergewaltigungsverharmloser und Serbenfreund verschrieen zu werden. Eine Medienkarriere ist schnell beendet ...«

Die Marktplatz-Massaker

Im Gerichtssaal des Pariser Tribunal de Grande Instance wurde Ende 1995 über einen Fall verhandelt, zu dessen Klärung einzig ein geheimes Gutachten der UN-Truppen in Bosnien beitragen hätte können. Es ging um eines der spektakulärsten Massaker des postjugoslawischen Bürgerkriegs, und zwar um die Granate, die am 5. Februar 1994 auf dem Marktplatz von Sarajewo gleichsam vor den Kameras der Weltpresse ein Blutbad anrichtete, bei dem 68 Menschen starben und 200 weitere verletzt wurden. Es war das zweite von drei ganz ähnlichen Vorkommnissen am selben Ort, doch es war dasjenige mit den wohl weitreichendsten Folgen, führte es doch zu einem deutlichen Meinungsumschwung in den USA und damit zum ersten Eingreifen der NATO in dem Konflikt – zunächst in

Form eines den Serben gestellten Ultimatums zum Rückzug ihrer schweren Waffen.

Natürlich sprach der bosnische Serbenführer Karadžić im Hinblick auf die Untat gleich von einer »Inszenierung«, doch in der europäischen und amerikanischen Öffentlichkeit war man sich schnell darüber einig, daß dieser Anschlag auf die muslimische Zivilbevölkerung von serbischer Seite verübt worden sei. Ballistische Beweise dafür lagen freilich keine vor, und der Bericht, den Fachleute der UNPROFOR gewissermaßen gewohnheitsgemäß erstellten, wurde nie veröffentlicht. Im Gegenteil: Er wurde abgeleugnet, weggeschlossen und als äußerst brisante Geheimsache behandelt – aus gutem Grund. Allein die Vorstellung, es habe sich bei diesem Massaker um eine Provokation aus bosnischen Reihen gehandelt, war schwindelerregend. Ein Journalist, der diese Möglichkeit laut aussprach, mußte sich seiner Sache schon sehr sicher sein.

Der französische Fernsehreporter Bernard Volker ist seit 25 Jahren im Metier und gilt bei seinem Sender TF1 als zuverlässiger Entdecker heißer Sujets. Am 18. Februar 1994, knapp zwei Wochen nach der verhängnisvollen Explosion in Sarajewo, berichtete Volker in einem Beitrag für die Abendnachrichten, daß die 120-Millimeter-Granate von bosnischen Stellungen aus abgefeuert worden sei. Die Reaktion auf diese Meldung kam selbst einem Granateneinschlag gleich: Auf einmal stand die Möglichkeit der skrupellosesten

Medienmanipulation am Firmament. Auf einmal schien es nicht undenkbar, daß die Bosnier ein so entsetzlich opferreiches Massaker an ihren eigenen Leuten verübten, um sich in der öffentlichen Meinung als Opfer zu präsentieren.

Daß man keine Eventualität, und sei sie noch so gräßlich, von vornherein ausschließen sollte, hatte schon der kanadische Blauhelm-General Lewis MakKenzie durchblicken lassen, der bei dem ersten massenmörderischen Bombenein- bzw. -anschlag in Sarajewo am 27. Mai 1992, als es unter den Wartenden vor einer Bäckerei 17 Tote gab, auf Posten war: »Unsere Soldaten sagen, daß gewisse Einzelheiten nicht [zur These eines Fremdangriffs] passen. Die Straße wurde kurz vorher abgesperrt. Nachdem sich die Warteschlange [vor der Bäckerei] gebildet hatte, zogen bosnische Medienleute auf, hielten sich aber im Hintergrund. Bis sie dann sofort nach den Explosionen vorstürmten.« Auch ein französischer Blauhelm-Kommandeur, der Anfang 1995 unter dem Pseudonym »Commandant Franchet« ein Buch über seine Erfahrungen im Kriegsgebiet veröffentlichte, warnte vor den oberflächlichen Darstellungen der meisten Journalisten: »Nichts ist unmöglich. Man muß einen muslimischen Sniper in Sarajewo auf Muslims schießen gesehen haben – nur ein paar Dutzend Meter vom Hauptquartier der UNPROFOR entfernt! – um zu verstehen, daß die Bosnier in ihrer äußersten Verzweiflung zu jeder Provokation bereit sind, um die Streitkräfte der Vereinten Nationen zum Eingreifen gegen die Serben zu bewegen.«

Bernard Volker erntete mit seiner quer zum antiserbischen Medientenor stehenden Behauptung nicht nur Erstaunen und Empörung, sondern auch eine Privatklage eines Vereins namens »TV Carton Jaune«. Diese 1992 im sozialistischen Milieu gegründete Initiative hat sich die Überwachung der französischen Fernsehprogramme auf Wahrhaftigkeit und Zuverlässigkeit zum Ziel gesetzt, insbesondere freilich des kommerziellen ersten Kanals TF1. Die Klage gegen Volker war schon deswegen ein Novum, weil damit zum ersten Mal ein Journalist für die von ihm verbreiteten Informationen persönlich haftbar gemacht werden sollte.

Die UNPROFOR dementierte zwar umgehend die von Volker behauptete Existenz eines Rapports, der den Abschußort der Granate anderthalb Kilometer hinter den bosnischen Linien ortete. Aber dann kam immerhin heraus, daß Lord Owen, der EU-Vermittler, einen Geheimbericht verfaßt hatte, in dem die Möglichkeit einer bosnischen Provokation erörtert wurde. Allerdings hatte David Owen sich diese Version nicht zueigen gemacht; er hatte sie nur dokumentarisch zitierte, und angeblich verschwanden auf dem offiziellen Dokument (in Griechenland, das gerade den EU-Vorsitz innehatte und daher für die Verteilung solcher Dokumente zuständig war) einfach die Anführungszeichen.

Volker erklärte unterdessen, er halte an seinen Informationen fest; seine Quellen seien ohnedies nicht mit dem Owen-Bericht, von dem er erst nachträglich erfahren habe, identisch. Allerdings weigerte er sich entsprechend journalistischer Gepflogenheit, seine Quellen preiszugeben. Das Gericht erklärte sich damit zufrieden. Die Hauptfrage jedoch blieb offen: Wer hat das (beziehungsweise die) Marktplatz-Massaker auf dem Gewissen? Ein wesentlicher Hinweis erschien Anfang 1996 an unvermuteter Stelle, und zwar in einem Buch der Journalistin Laure Adler, die François Mitterrand während seines letzten Regierungsjahres begleiten und beobachten konnte. Nach diesem Zeugnis soll der Präsident am 18. Mai 1994 im Ministerrat geäußert haben: »Vor wenigen Tagen sagte Butros Ghali mir, er sei sicher, daß die Granate auf dem Markt von Sarajewo eine bosnische Provokation war.«

In der Tat hatte der UNO-Generalsekretär diese Auffassung bereits am 10. Februar 1994 dem amerikanischen Außenminister Warren Christopher telephonisch mitgeteilt (war bei ihm damit aber auf Ablehnung gestoßen). Denn in der Tat verfügten die UNPROFOR-Leute über einige irritierende Erkenntnisse: Als sie unmittelbar nach den Explosionen am Ort des Geschehens eintrafen, wurde ihnen der Zutritt zum Marktplatz erst einmal von muslimischen Polizisten verwehrt. Zwei Stunden später begannen die Experten mit der Bestimmung der Herkunft des Geschosses.

Ihre Resultate fielen widersprüchlich aus: Ein französischer Hauptmann schloß eindeutig auf eine muslimische Urheberschaft; ein kanadischer Major kam zu dem Ergebnis, man könne die Flugbahn nicht genau genug ermitteln, um die Tat irgendeiner Kriegspartei zuzuschreiben. Ein Woche später nahm ein siebenköpfiges Spezialistenteam neue Untersuchungen vor und gelangte zu dem Schluß, die Zone, aus der die 120-Millimeter-Mörserrakete abgeschossen wurde, überlappe die Frontlinie zwischen Serben und Muslims um jeweils zwei Kilometer.

Die Blutbäder vom 27. Mai 1992 (17 Tote) und vom 5. Februar 1994 (68 Tote) blieben faktisch unaufgeklärt, wurden in der Weltöffentlichkeit aber durchweg als serbische Verbrechen an der Zivilbevölkerung gehandelt. Am 28. August 1995 kam zu einem weiteren Massaker auf dem Markt von Sarajewo: Diesmal starben 37 Menschen, 90 wurden verletzt. Wiederum wurden die Serben dafür verantwortlich gemacht, wiederum waren Nato-Einsätze die Folge (zu denen die bosnische Armee die Pläne ausarbeitete – ein US-Offizier bemerkte nicht ohne Bitterkeit: »Wir sind jetzt die Muslim Air Force«), und wiederum war der Verdacht, es handele sich um eine diabolische Inszenierung, dringend gegeben. Diesmal sogar mehr denn je: Britische und französische UNPROFOR-Sachverständige, die den Krater 40 Minuten nach der Explosion untersuchten, sahen es als erwiesen an, daß der

Anschlag nicht von serbischen Stellungen aus verübt worden war. Sie stellten fest, daß von fünf Mörsergranaten, die an jenem Morgen in Sarajewo einschlugen, vier – die niemanden trafen – von der serbischen Seite kamen und eine – die tödliche – anderswoher.

Yossef Bodansky, langjähriger Berater der amerikanischen Regierung und Direktor der »Task Force on Terrorism and Unconventional Warfare« des Repräsentantenhauses, resümiert die Affäre wie folgt: »Es gibt seit 1992 eine lange Reihe von muslimischen Terroranschlägen und Sniper-Schüssen auf die eigenen Leute; leitende UNO-Beamte, hochrangige UNPROFOR-Militärs, französische und englische Untersuchungsteams und andere Experten bestätigen dies. Allerdings gab es die Bestätigungen für selbstzugefügten Terror in Sarajewo erst nach langen und gründlichen Untersuchungen; da waren die schockierenden Bilder von den Blutbädern schon weidlich gegen die Serben ausgenutzt worden. Überdies wurden die späteren Erkenntnisse kaum je von den westlichen Medien verbreitet, da sie als ›alte News‹ und nicht ›politisch korrekt‹ galten.«

Der Krieg der Kommunikationsexperten

Wie blind und einseitig selbst renommierte Medien über den Balkankonflikt berichteten, stellte Peter Brock im Winter 1993 in der amerikanischen Zeitschrift

Foreign Policy dar. Er wies nach, daß ein zum Skelett abgemagerter Mann auf dem Titelbild eines US-Nachrichtenmagazins keineswegs ein »muslimischer Gefangener in einem serbischen Lager« war, wie die Redaktion behauptete, sondern ein wegen Plünderung festgenommener Serbe, der seit zehn Jahren Tuberkulose hatte. CNN strahlte im März und Mai 1993 Bilder aus, die Moslems zeigten, die von Serben getötet worden waren; doch die angeblichen Moslems waren Serben. Die *New York Times* brachte Anfang August 1993 das Photo einer Kroatin, die – laut Unterzeile – ihren bei serbischen Angriffen getöteten Sohn beweinte: Die Kämpfe hatten jedoch zwischen Moslems und Kroaten stattgefunden.

Brock ging aber noch viel weiter: »Die Washingtoner PR-Firmen Ruder Finn und Hill & Knowlton waren als erste Agenturen hinter den Linien am Werk; sie feuerten Medien- und politische Salven ab und kassierten Hunderttausende, vielleicht sogar Millionen von Dollars, indem sie die feindlichen Republiken im jugoslawischen Krieg – manchmal zwei gleichzeitig – vertraten.« Über die Tätigkeit und Methoden der politischen PR-Firmen war bis dahin kaum etwas veröffentlicht worden; die meisten europäischen Journalisten kannten nicht einmal ihre Namen. Das waren hervorragende Voraussetzungen für effiziente PR-Arbeit, die im Fall von Ruder Finn ab 1993 ausschließlich Bosnien zugute kam (das Land verfügte im Gegensatz zu dem ausgepumpten Kroatien über großzügige Spenden aus der islamischen Welt; Serbien durfte wegen des Embargos keine amerikanischen Lobbyisten engagieren).

Ruder Finn & Rotman Inc., mit einem Jahresertrag von 36 Millionen Dollar die siebtgrößte Werbeagentur in Washington, D. C., ist ein Familienunternehmen. Chairman David Finn betätigt sich als Kunstsammler und photographiert Skulpturen; über Henry Moore hat er eine vielbeachtete Monographie verfaßt. Ruder Finn macht nicht nur für Konsumgüter oder Dienstleistungen Reklame, sondern auch für politische Ideen und fremde Staaten. So gehörten 1991 beispielsweise die griechische Regierung sowie das »U.S. Council for Energy Awareness« zum Kreis der Kunden. Als Ruder Finn den Job für Bosnien übernahm, geschah dies mit dem erklärten Ziel, »gegen die Desinformationskampagne der Regierung Bush zu arbeiten, welche fälschlich behauptet, die Bosnier würden von den Vereinigten Staaten die Unterstützung durch Bodentruppen verlangen, um ihnen beim Kriegführen zu helfen«. So steht es in dem Bericht, den die Agentur vorschriftsgemäß beim Justizministerium einreichte.

Derartige Rechenschaftsberichte müssen alle amerikanischen Unternehmen, die sich im Bereich internationaler Public Relations engagieren und mit ausländischen Regierungen zusammenarbeiten, halbjährlich beim »Foreign Agents Registration Act

Office« abliefern. 1993 betraf dies 800 Firmen, die für 272 Staaten oder Territorien – von Kanada und Großbritannien über Libyen und den Irak bis zum Vatikan und Bophuthatswana – tätig waren. Diese Berichte sind öffentlich zugänglich. Das bedeutet, daß trotz der enormen manipulativen Macht dieser PR-Agenturen eine gewisse Transparenz besteht. Journalisten, die es wissen wollen, können ohne Schwierigkeiten in Erfahrung bringen,

- daß Wise Communications in Washington und Ian Greer Associates in London für die serbische Seite arbeiteten, bevor die UN-Sanktionen dies vereitelten;
- daß Ruder Finn und Hill & Knowlton in kroatischen Diensten standen;
- daß Slowenien ein eigenes PR-Büro in Washington eröffnete und außerdem Phyllis Kaminsky, eine Mitarbeiterin von Ruder Finn, beschäftigte.

Was die Aktivitäten von Ruder Finn Global Communications für Bosnien betrifft, geben übrigens nicht nur die Dossiers des Justizministeriums darüber detailliert Auskunft (bis hin zur Auflistung der mit Parlamentariern, Senatoren und Journalisten geführten Telephonate), sondern auch Jim Harff, der für die Kampagne verantwortliche Direktor. Er brüstete sich im Gespräch mit dem französischen Fernsehreporter

Jacques Merlino ganz offen, daß es »ein großartiger Bluff« gewesen sei, »die jüdischen Organisationen auf Seiten der Bosnier ins Spiel zu bringen; in der öffentlichen Meinung konnten wir auf einen Schlag die Serben mit den Nazis gleichsetzen.« Daß dafür auch frisierte Nachrichten benutzt werden, gab Harff mit erstaunlicher Offenheit zu: »Unser Job ist es nicht, Informationen zu überprüfen. Wir sind dafür gar nicht ausgerüstet. Unsere Aufgabe ist es, die Zirkulation von Nachrichten, die uns nützen, zu beschleunigen und damit sorgfältig ausgewählte Ziele zu treffen.« Schnelligkeit ist, wie Harff dozierte, äußerst wichtig, um eine Information in der öffentlichen Meinung zu verankern: »Was zählt, ist die erste Behauptung. Dementis sind dann wirkungslos.«

Die Erfolge der Washingtoner Propaganda-Profis ließen denn auch nicht lange auf sich warten. Einen der größten Public-Relations-Treffer landeten sie nach Auffassung von Peter Brock, als sie die Wiener Menschenrechtskonferenz im Juni 1993 dazu brachten, in einer mit 88:1 Stimmen angenommenen Resolution die Aufhebung des Waffenembargos gegen Bosnien zu verlangen. Doch diese Betrachtungsweise galt in den meisten weltlichen Medien als ungehörig und frivol. Als Brocks Artikel – unter dem provokativen Titel: »Bosnien: So logen Fernsehen und Presse uns an« – in der Zürcher *Weltwoche* erschien, brach ein Sturm der Entrüstung los: Unzählige Zeitungs- und

Rundfunkkommentatoren wiesen das quer zum Mainstream liegende Blatt zurecht, vor dem Verlagshaus marschierten Demonstranten auf, und auch redaktionsintern fand sich der für die unerhörte Publikation verantwortliche Chef des außenpolitischen Ressorts, Hanspeter Born, auf einmal ziemlich isoliert – in höheren Etagen wurde sogar seine Ablösung erwogen.

Born, der als gründlicher Rechercheur und erfrischend eigensinniger Publizist hohes Ansehen genießt, wurde von Nachwuchsjournalisten wie ein Schuljunge abgekanzelt. »Der Reaktionär Born, hieß es, sei einem Artikel aufgesessen, der in einer dubiosen, ultrarechten Publikation erschienen sei – was angesichts der progressiven politischen Ausrichtung von ›Foreign Policy‹ recht amüsant ist.« Er selbst erklärte die Gründe der landläufigen Voreingenommenheit so: »In kriegerischen Auseinandersetzungen ist es für Journalisten schwer, nicht Stellung zu beziehen. Und es ist schon fast ein moralisches Gebot für die Medien, sich der Sache der Opfer anzunehmen. Weil in Kroatien und Bosnien die Serben im Krieg die Oberhand hatten und weil folglich dort die Mehrheit der Opfer kroatische und muslimische Männer, Frauen und Kinder waren, sahen es viele Berichterstatter als ihre moralische Pflicht, gegen die Serben Partei zu ergreifen.«

Die von manchen Redakteuren ausdrücklich geforderte und gutgeheißene »Opferberichterstattung« geht folglich jenen perspektivischen Projektionen, welche die PR-Profis aushecken, leicht in die Falle, und zwar um so leichter, als sich die Journalisten in diesem Krieg mit gutem Grund selbst als Opfer empfinden. Zwischen 40 und 80 von ihnen – je nachdem, ob man auch Hilfskräfte der Medienorganisationen mitzählt – haben bei ihrem Einsatz in Kroatien und Bosnien ihr Leben gelassen. Was diesen Krieg für sie so gefährlich machte, war nicht zuletzt seine Ähnlichkeit mit Dritte-Welt-Konflikten, wozu auch der Umstand gehörte, daß man es mit drei Armeen und zahlreichen marodierenden Verbänden zu tun hatte. Der Unterschied zwischen einem versprengten Trupp Soldaten und in pures Banditentum verfallenen Freibeutern war dabei ebenso schwer zu erkennen wie derjenige zwischen Mitgliedern kämpfender Einheiten und einfachen Zivilisten, in die sie sich, indem sie ihre Waffen weglegten, von einer Sekunde zur nächsten verwandeln konnten. Daß die Reporter hier nicht immer rechtzeitig zu unterscheiden vermochten, war für einige von ihnen tödlich: Die mit Hochgeschwindigkeitswaffen ausgerüsteten, aber schlecht ausgebildeten und organisierten Angehörigen der Streitkräfte (sogar der »regulären«) konnten in der Regel davon ausgehen, daß niemand sie dafür zur Rechenschaft ziehen werde, wenn sie unliebsame Zeugen (von denen sie beispielsweise beim Niederbrennen von Häusern gefilmt wurden) kurzerhand erschossen.

Kunstformen des Engagements

Obschon die wenigsten Journalisten vor Ort gewillt und in der Lage waren, sachlich und neutral über den Krieg in Bosnien zu berichten, zogen andere mit dem erklärten Vorsatz aus, Partei zu ergreifen, Emotionen zu wecken und sich auch jenseits ihrer publizistischen Funktion zu engagieren. Zu diesen anderen gehörte etwa der Pariser Essayist, Verlagslektor und Zeitschriftenherausgeber Bernard-Henri Lévy, dessen Initialen BHL als Markenzeichen in Frankreich so bekannt wie sonst nur die von Yves Saint-Laurent und der an Eitelkeit von keinem Intellektuellen im Quartier Latin übertroffen wird. Seine Bücher schreibt er grundsätzlich in Hotelsuiten. Im Fernsehen tritt er stets mit einem bis zur Brustmitte aufgeknöpften weißen Hemd auf. Photographieren läßt er sich nur nachmittags, weil er sich morgens nicht schön genug findet.

Doch 1993 posierte er auch unrasiert und übernächtigt. Das verlieh seinem Engagement für Bosnien zwar Kolorit, aber nicht unbedingt Glaubwürdigkeit. Die französische Presse publizierte jedenfalls genüßlich ein Photo, das bei den Aufnahmen zu seinem beim Festival in Cannes vorgeführten Film *Bosna!* entstand: Es zeigte einen hinter einer Mauer dramatisch Deckung suchenden BHL, während auf der anderen Straßenseite völlig entspannt und ungeschützt mehrere Soldaten schlenderten. Im Anschluß an die Filmpremiere Mitte Mai landete Lévy seinen seit langem größten Coup: die Partei zum Film. Er war mit Sicherheit der erste Philosoph, der bei den Filmfestspielen eine politische Bewegung von europäischen Dimensionen ins Leben rief.

Und was für eine Bewegung: Zwei Wochen lang okkupierte BHL durch seine Ankündigung, bei den Europawahlen mit einer eigenen Partei namens »L'Europe commence à Sarajewo« anzutreten, die Titelseiten der Zeitungen und die Nachrichtensendungen von Funk und Fernsehen. Er zwang mit seiner Forderung nach sofortiger Aufhebung des westlichen Waffenembargos für Bosnien sämtliche etablierten Parteien, in diesem konkreten Konflikt Stellung zu beziehen und ihr bürokratisch-behäbiges Wahlkampfgetue um ein Europa der Sonntagsreden aufzugeben. Der Effekt war enorm, und die Folgen waren teilweise erstaunlich: Sozialistenführer Rocard schwenkte unvermittelt auf Lévys Linie ein und verkrachte sich prompt mit den eigenen Leuten. Mitterrand, zu dem Lévy sonst ein durchaus privilegiertes Verhältnis hatte, giftete auf einmal gegen den Rambo-Rimbaud, der Waffen in ein Kriegsland liefern wollte. Und die Rechte feixte – bis Umfragen ergaben, daß sie ebenfalls Stimmen an die Sarajewo-Liste verlieren würde.

Doch dann zogen Lévy und die meisten seiner Mitstreiter die Liste unter burlesken Umständen wieder zurück, während der als Spitzenkandidat vorgesehene Léon Schwartzenberg, ein Medizinprofessor und Krebsspezialist, im Alleingang weiterfocht. Am Wahlabend zerstoben allerdings die hehren Hoffnungen auf einen Abgeordnetensessel; die Partei erlebte ein Fiasko und ward seither nicht mehr bemerkt. Lévy fungierte derweil als eine Art bosnischer Hilfsaußenminister, indem er dem Ministerpräsidenten Izetbegović eine Einladung bei Mitterrand verschaffte und tausenderlei andere Propagandadienste für den Mann übernahm, den er in seinem über 500seitigen Tagebuch freundschaftlich »Izet« oder pathetisch den »Gerechten« nennt.

Susan Sontags Rechtfertigungsschrift war etwas kürzer und präziser, aber auch sie fühlte sich verpflichtet, aus den edelsten Motiven regelmäßig Sarajewo anzufliegen und dies entsprechend feierlich bekanntzugeben. Im Sommer 1993 – während BHL sich auch dort aufhielt, ohne sie zu bemerken – probte die New Yorker Schriftstellerin mit einer Handvoll Schauspieler im Theater der Jugend an der Marschall-Tito-Straße ein absurdes Stück, das dort noch viel absurder wirken mußte: Becketts *Warten auf Godot*. Mit den Akteuren, deren Sprache sie nicht spricht und nicht versteht, mußte Susan Sontag via Dolmetscher verkehren. Die Proben fanden bei Kerzenlicht statt, denn es gab in dem Theater weder Strom noch Wasser. Aus Sicherheitsgründen durfte niemand im Saal unter dem Lüster sitzen, denn bei schwerem Artilleriefeuer drohte er herunterzustürzen.

Den Vorwurf, daß es sich um einen eher peinlichen Versuch der Selbstinszenierung handele, wies Susan Sontag entrüstet von sich. In einem dutzendfach publizierten Aufsatz beteuerte sie, daß sie bloß den Bewohnern der belagerten Stadt zu einer Kunstveranstaltung verhelfen und eben nichts für den kulturellen Weltmarkt, auf dem sie sonst zu Hause ist, produzieren wollte. Begleiten ließ sich Susan Sontag indes von einer guten Freundin aus New York: der Photographin Annie Leibowitz, Mitarbeiterin der Zeitgeist-Zeitschriften *Rolling Stone* und *Vanity Fair,* berühmt für ihre Porträts von Leuten, die dafür berühmt sind, daß sie berühmt sind. In Sarajewo »dokumentierte« sie nicht nur Sontags Bühnenschaffen, sondern auch die Kriegsgreuel. Das Ergebnis war im Frühjahr 1994 in der Londoner National Portrait Gallery zu besichtigen: Neben Bildern von Arnold Schwarzenegger und Mick Jagger hing dort ein Dutzend Aufnahmen, die in dieser Umgebung obszön wirkten. Sie zeigten ein auf der Straße liegendes Fahrrad, Blutflecken auf dem Pflaster, eine Leiche, ein Baby, ein paar Schuhe in der Gefriertruhe eines Lebensmittelladens. Natürlich wies auch die Photographin den Vorwurf, sie beute hemmungslos das Elend aus, entrüstet zurück.

Während die Sontag in der Musenstadt Sarajewo inszenierte und die Leibovitz dort knipste, führte die zwölfjährige Zlata Filipovic fleißig Tagebuch über den Krieg. Auszüge davon hatte gerade die UNICEF publiziert, woraufhin jede Menge Journalisten den Filipovics die Tür einrannten. Zlata beeindruckte alle durch ihre frühreife Art, außerdem sprach sie sehr gut englisch. Durch Vermittlung der Pariser Photojournalistin Alexandra Boulat landete ihr Tagebuch bei dem französischen Verlag Robert Laffont, der sofort zugriff. Spätestens ab diesem Augenblick verliert sich die Spur des Tatsächlichen im dicken Nebel der Bewußtseinsindustrie. Sicher ist nur soviel: Das Buch wurde auf Anhieb ein Bestseller. Zlata und ihre Familie wurden kurz vor Weihnachten 1993 aus Sarajewo ausgeflogen und ließen sich, gestützt auf üppig fließende Tantiemen, in Paris nieder. Laffont konnte die Übersetzungsrechte in 30 Länder zu Höchstpreisen verkaufen: Die deutsche Version, basierend auf der französischen, erschien im Januar 1994, die englische, basierend auf der serbokroatischen, zur selben Zeit.

Die Medienmaschinerie begann auf Hochtouren zu laufen: Zlata, inzwischen 13, trat in *Aspekte* und Stern TV auf, wurde in London von John Major empfangen und sprach in Washington vor dem amerikanischen Kongreß. *Newsweek* zahlte für die Vorabdruckrechte von drei Seiten aus dem Buch 25.000 Dollar an Laffont, der Londoner Verlag Penguin unterschrieb für 565.000 Dollar, Universal Pictures in Hollywood legte für die Filmrechte eine Million Dollar drauf.

Kritiker, die diese kommerziellen Hintergründe aufdeckten, wurden umgehend als gefühlskalte

Erbsenzähler angeprangert: Der Millionendeal war nämlich moralisch abgedichtet. Als der amerikanische Journalist David Rieff – übrigens der Sohn von Susan Sontag – die von vielen Rezensenten geäußerte Vermutung, das Tagebuch der »bosnischen Anne Frank« sei nicht ganz echt, in einem sehr ausführlichen Artikel der Zeitschrift *The New Republic* mit Belegen unterfütterte, schlug ihm die gesammelte Empörung aller Profiteure des Reinen und Guten entgegen. Dabei deuteten allein schon die in dem Tagebuch enthaltenen Anspielungen auf Anne Frank darauf hin, daß der Wortlaut kräftig frisiert worden war.

Entrüstung in der Bewußtseinsindustrie

War es nicht unerhört, ein so anrührendes Dokument des Leidens eines so unschuldigen Kindes in Zweifel zu ziehen? Wer Zweifel sät, erntet Entrüstung: Das, so zeigte sich wieder einmal, ist der Horizont aller Kritik. Ob Krieg, ob Aids, ob Hungersnot – unser Kulturbetrieb hat sich moralisch derart aufgetümmelt, daß ästhetische, praktische oder technische Einwände schon wie Niederträchtigkeiten wirken. Die Diskussion um *Schindlers Liste* zeigte besonders drastisch, wie stark der edle Empörungsdruck schon ist. Man durfte nämlich nicht einmal daran Anstoß nehmen, daß jemand, der eben noch einen solchen Kokolores wie *Jurassic Park* gedreht hatte und als nächstes einen solchen Kokolores wie die Science-Fiction Serie *Dr. Who* fürs BBC-Fernsehen drehen wollte, die Chuzpe besaß, das ernsteste Thema dieses Jahrhunderts ins Kino zu bringen.

Man durfte nicht Anstoß nehmen, weil es gerade angesichts dieses ernsten Themas als unwürdig und pietätlos galt, über die Zuständigkeit oder Unzuständigkeit des Regisseurs Spielberg zu streiten. Wer hemmungslos zulangt und die heikelsten Dinge vermarktet, lautet die Lehre daraus, der ist gegen jede Kritik immun. Und Hemmungslosigkeit ist in der Bewußtseinsindustrie reichlich vorhanden, nicht nur in ihrer Weltzentrale Hollywood. Von Benettons Plakaten bis zu der Tatsache, daß die Londoner *Times* einen Kunstmaler nach Sarajewo sandte, der »Schmerz und Not im menschlichen Antlitz zur Darstellung bringen« sollte, erstreckt sich ein weites Feld zwielichtiger Initiativen, die Schmerz und Not als neuen Schmierstoff für den kommerziellen Motor des Kulturbetriebs verwenden.

Kriegskunst ist, laut Brockhaus-Enzyklopädie, eine »veraltete Sammel-Bezeichnung für Theorie und Praxis der Vorbereitung und Durchführung von Kampfhandlungen«. Kriegskunst kann aber auch etwas ganz anderes sein, wie die Mission des 36jährigen Kunstmalers Peter Howson lehrte. Der Absolvent der Kunsthochschule von Glasgow durfte mit dem britischen Blauhelm-Kontingent in das Kampfgebiet ziehen und gewissermaßen an vorderster Front malen. Denn es gehört zur Tradition des Londoner Imperial War Museums, einen Künstler offiziell mit der Darstellung aktueller Kriege zu beauftragen.

Howson kam von seinem dreiwöchigen Bosnien-Trip unter anderem mit einem Bild heim, das in England wochenlang für Schlagzeilen sorgte. Zu sehen war darauf eine brutale Vergewaltigung – Titel: »Croatian and Muslim«. Das Bild hätte vom Museum angekauft werden sollen (für 50.000 Mark), doch das dafür zuständige Komitee fand es zu stark und wählte ein anderes, harmloseres Werk, das bloß ein paar am Boden sitzende Figuren vor dem nur undeutlich zu erkennenden Hintergrund eines Dorfes zeigt. Allein der Titel »Cleansed« (»Ethnisch gesäubert«) wies darauf hin, daß es sich um Vertriebene handelte, und nur mit diesem Wissen konnte man erkennen, daß das Dorf zerstört war. Howson warf den Verantwortlichen Feigheit vor; ihm allerdings wurde vorgeworfen, daß er eine solche Vergewaltigung wie die von ihm gemalte gar nicht in Wirklichkeit gesehen habe. Freilich: weder Goyas »Schrecken des Krieges« noch Picassos »Guernica« waren aus der unmittelbaren Anschauung gemalt. Schließlich kaufte der zum Kunstmäzen gewandelte Rockstar David Bowie das abgelehnte Bild und bot es dem Museum als Schenkung an.

Krieg ist immer ein Generator starker Bilder. Der visuelle Kitzel des Kriegsschreckens beeinflußt selbst die seriösesten Anstrengungen journalistischer

Dokumentation. Um wieviel bedenklicher sind erst jene Aktionen der Bildvermittlung, die explizit auf den ästhetischen Effekt abzielen? Die Kunst des Peter Howson ist dafür nur ein Beispiel; die Benetton-Reklame ist ein anderes. Auch sie hat im übrigen einen ganz besonderen Hintergrund. Zu den unterdrückten Nachrichten des Kriegs in Ex-Jugoslawien gehört nämlich jene über Marinko Gagro, geboren 1964 im kroatischen Ort Blizansi (Gemeinde Sitluk), dessen blutiges T-Shirt in nicht weniger als 110 Ländern zu sehen war. Die italienische Textilfirma hatte sich die Publikation dieses Bilds im Rahmen ihrer reißerischen Anzeigen- und Plakatkampagne Anfang 1994 über 20 Millionen Mark kosten lassen. Mehrere renommierte Zeitungen, darunter die *Frankfurter Allgemeine, Le Monde* und *Le Figaro* lehnten die Veröffentlichung der Schock-Werbung ab.

Was die Öffentlichkeit nie erfuhr, war, daß es sich bei dem getöteten T-Shirt-Träger keineswegs um ein unschuldiges Opfer, sondern um einen heimtückischen Sniper handelte, der in Mostar aus dem Hinterhalt auf Kinder und Frauen geschossen hatte. Das fand ein deutscher Fernsehjournalist heraus, der für Stern TV bei der Familie des Jungen vorstellig wurde und sich vom Vater erzählen ließ, »daß er sogar extra nach Deutschland gefahren sei, um für seinen Sohn ein ordentliches Sniper-Gewehr zu besorgen«. Leider ist der betreffende Journalist keine zitierbare Referenz mehr. Sein Name: Michael Born.

154

Die große Verlade – Von der Freude am Fälschen

Der Name klang irgendwie unglaubwürdig. Daß ein Journalist namens Born als Fälscher entlarvt wurde, nachdem ein Schriftsteller namens Born einen Roman namens *Die Fälschung* über Journalisten geschrieben hatte, war einfach ein bißchen stark. *Die Fälschung* von Nicolas Born spielte im bürgerkriegszerrissenen Beirut der siebziger Jahre. Genau dort drehte Mitte der achtziger Hans-Michael Born für ARD und ZDF seine ersten Filme. Er hatte gute Kontakte zu den Entführern des deutschen Ingenieurs Rudolf Cordes. Später erinnerte er sich an »Aufnahmen diverser Reporter, die angeblich im ›heißen‹ Bourgui al Baragui und Bir al Abit, den Hochburgen der Hisbollah, gemacht worden waren; in Wirklichkeit stammten sie aus dem christlichen Osten, der relativ sicher war.« Michael Born gewann rasch ein gewisses Ansehen in der Branche. Er galt als Mann für gefährliche Einsätze, war jederzeit reisebereit und brachte oft spektakuläre Bilder heim. Er war Mitte zwanzig, als er in dem Job anfing und gutes Geld verdiente. Zehn Jahre später verdiente er noch besser, hatte eine eigene Produktionsfirma und war – nach den Worten von *Spiegel*-Chefredakteur Stefan Aust – eine »Legende der Fernsehszene«.

Unsinn! Borns Honorare waren alles andere als fürstlich. Wieviel Geld sonst beim Fernsehen herumgeschoben wurde, konnte er gerade bei den privaten Sendern sehen, für die er hauptsächlich arbeitete. Born war einer von zahllosen »Freien«, die immer wieder bei den Redaktionen anrufen und hoffen, für ihre Angebote Abnehmer zu finden. Wenn er Glück hatte, kam dabei ein Monatsverdienst heraus, meistens jedoch bloß ein halber. Dafür mußte Born, der unter widrigen Bedingungen durch Angola, Eritrea, den Jemen und den Irak, Somalia, Iran, Afghanistan und die postjugoslawischen Kriegsgebiete gereist war, sich von gleichaltrigen Redakteuren sagen lassen, daß, wenn in seinen Filmen nicht dies oder nicht jenes zu sehen sei, es mit der Ausstrahlung wohl nichts würde. Keine Close-Ups von Leichenteilen? Keine Kapuzenmänner vom Ku-Klux-Klan? Keine deutschen Jäger, die auf Katzen schießen? Born, chronisch knapp bei Kasse, verstand derartige Fragen als Aufforderung. »Wie soll man sich als freier Journalist gegen maßlose Forderungen aus den Redaktionen wehren, wenn man auf Sendeminuten angewiesen ist?«, räsonnierte er später in der Justizvollzugsanstalt Koblenz, nachdem seine Beiträge haufenweise als Fälschungen entlarvt worden waren. Nicht nur Borns Anwalt, auch die meisten Kommentatoren sahen in ihm geradezu ein Opfer des Systems.

Unsinn! Es gehört schon eine tüchtige Portion krimineller Energie dazu, Freunde mit selbstgeschneiderten Kutten auszustatten, um sie dann als Ku-Klux-Klan-Mitglieder in einer Felshöhle bei Mending/Eifel vor die Kamera zu schicken. Desgleichen täuschte er mit Hilfe von Kondensmilch Rauschmittel vor, mit albanischen Tagelöhnern PKK-Terroristen, mit Bewachern eines SOS-Kinderdorfs in Somalia einen bewaffneten Überfall, mit den Insassen eines deutschen Asylbewerberheims das Basteln von Bomben und dazu einiges mehr, was schwerlich durch äußeren Druck zu entschuldigen ist. So sah es der Staatsanwalt, der Born am 11. Dezember 1995 festnehmen ließ. (Weshalb die Münchner *Abendzeitung* am 19. Januar 1996 korrekt meldete: »Michael Born war gestern nicht zu erreichen.« Und eine Fälschung folgen ließ: »Er sei beruflich im Ausland, sagt seine Schwester.«) Aufgefallen war Kriminalbeamten nämlich, daß die Stimmen zweier verschiedener von Born gefilmter »Täter«, und zwar eines Ku-Klux-Kapuzenmannes und eines Drogenschmugglers, ziemlich ähnlich klangen. Kein Wunder: Es war derselbe Darsteller. Das hatten die Redakteure von Stern TV, die in ständigem Kontakt mit Born standen, nicht bemerkt.

Unsinn! Sie wußten über seine Tricksereien nur zu gut Bescheid, erklärte Born später zu seiner Verteidigung. Tatsächlich wurden die Ermittlungen alsbald auf 20 Leute ausgedehnt. Die Vorstellung, daß die

Kommerzsender korrekte Recherchen auf dem Altar reißerischer Aufmachung opfern, leuchtete sowieso jedermann ein. »Man ist geneigt, dem Fälscher zu glauben«, formulierte beinahe witzig der Chefredakteur der *Süddeutschen Zeitung*, Hans Werner Kilz. Und hatte nicht der Stern-TV-Star Günther Jauch beinahe vorwitzig erklärt, daß Borns Geschichten »zu neunzig Prozent wasserdicht recherchiert« gewesen seien – »nur fehlten ihm die Bilder. Und die hat er dann nachgestellt«? Das ist nämlich immer das Problem im Fernsehen: Zu den interessantesten Behauptungen fehlen die Bilder! Meistens hilft dann das Archiv mit ein paar passenden Aufnahmen aus. Manchmal aber muß der Autor selber Hand anlegen, was dann zu der beinahe aberwitzigen Frage führt: Wo beginnt die Realität – und wo hört sie auf? Was ist der Unterschied zwischen einer um zwölf Uhr gefilmten Uhr, die zwölf zeigt, und einer, die um des Effektes willen vor der Aufnahme auf zwölf gestellt wurde? Gerät hier nicht jeder Filmemacher in eine ontologische Krise?

Unsinn! Born hatte einfach keine Skrupel, gegen journalistische Grundregeln zu verstoßen. Seine Bildberichterstattung war vollendeter Betrug; deswegen bekam er ja auch den Prozeß gemacht – auf Betreiben seines Hauptkunden Stern TV. Der Schaden wurde auf 350.000 Mark beziffert, die Honorarsumme von 21 Filmen. Der ehemalige Tierhändler, der während des Golfkriegs zum Islam konvertierte, der Abenteurer, der die Kameras für seine Filme bei Bekannten auslieh, der Inhaber der Firma »Expofilm«, der in Lahnstein bei Koblenz wohnte und Adressen in Berlin sowie im Libanon angab, der Mann, der sich zwischen seinen halbseidenen Reportagen auf der griechischen Insel Simi ein Haus baute – er ist, alles in allem, ein besonderer Fall.

Unsinn! Sein Fall ist bloß die Spitze eines Eisbergs. Fälschungen im Fernsehen sind derart gängig, daß während der großen Aufregung um Michael Born Dutzende von weiteren Beispielen aufs Tapet kamen: Ein ebenfalls von Stern TV ausgestrahlter Bericht über angebliche Exzesse deutscher Sprachschüler im südenglischen Eastbourne zeigte in Wirklichkeit einheimische Jugendliche. Spiegel TV stellte die kubanische Bekannte eines Münchner Journalisten als Gelegenheitsprostituierte dar und behauptete hinterher noch dreist, die Szenen seien »eher diskret dargestellt« gewesen. Eine im März 1996 gesendete ARD-Reportage über die »Hundemafia« stammte von einem Filmemacher, der für das Erschlagen eines Hundes vor der Kamera 20.000 Mark geboten hatte. Eine Münchner Produktionsfirma stellte für eine Vox-Sendung eine ganze Schülerdemo auf die Beine; die Teilnehmer bekamen für ihren Auftritt je 130 Mark. Genau den doppelten Tarif bezahlte das japanische Tokyo Broadcasting System an Berliner Skinheads für einen erhobenen Arm.

Andere Länder, gleiche Sitten: In Frankreich wurde im April 1996 gerichtlich festgestellt, daß eine Reportage über Waffengeschäfte extremistischer Jugendgruppen in der Pariser Vorstadt Créteil ein Fake war: Der 27jährige Filmemacher, der sechs Jahre zuvor auf der kommunistischen Liste für den Gemeinderat kandidiert hatte, gab an, die Bilder von einer geheimen Verkaufsverhandlung mit versteckter Kamera gedreht zu haben, doch waren die Aufnahmen nachträglich manipuliert worden, um sie technisch mangelhaft erscheinen zu lassen. Seinen Zuschauern suggerierte der Reporter, er habe sich als Kaufinteressent in den Kreis der Händler eingeschlichen. Die vorgezeigten Waffen erwiesen sich aber als Attrappen oder Schreckschußpistolen.

Das gemeinsame Merkmal aller bisher erwähnten Fälschungen ist, daß sie den Möglichkeiten ihrer Zeit weit hinterherhinken. »In die Geschichte der Fälscher wird Born vermutlich als der letzte vordigitale Handwerker seiner Innung eingehen«, schrieb der Filmkritiker und -historiker Klaus Kreimeier. Born habe »noch mit Sorgfalt und ›on location‹ gebastelt, was uns schon heute versuchsweise und morgen als Standardprogramm von den Hochleistungsrechnern im virtuellen Studio mittels Knopfdruck vorgegaukelt wird.« In der Tat ermöglicht die Computertechnik jede beliebige Manipulation von Bild und Ton: Statt grauer Wolken kann man Sonnenuntergänge simulieren, auf leere

Plätze Menschenmassen zaubern, und umgekehrt aus dem Gedränge einzelne Gestalten hinwegeskamotieren. Im Unterschied zur klassischen Retouche, die seit der Erfindung der Photographie Anwendung findet, hinterlassen digitale Bildveränderungen keine Spuren mehr.

Gestellte Szenen ziehen sich durch die gesamte Geschichte der Bildreportage: Robert Flaherty, der Pionier des Dokumentarfilms, überließ nichts dem Zufall und legte auf die darstellerischen Qualitäten der von ihm gezeigten Menschen größten Wert. Als Joris Ivens eine Arbeiterdemonstration verpaßte, ließ er sie extra für die Kamera wiederholen. Und Robert Doisneau gab kurz vor seinem Tod zu, daß sein wohl berühmtestes Photo, »Le Baiser de l'Hôtel de Ville«, vollkommen inszeniert war. Zu sehen ist ein anonymes Liebespaar, das sich vor dem Pariser Rathaus, dem Hôtel de Ville, auf offener Straße, im Gehen fast, inmitten von Passanten, inbrünstig küßt: Er ähnelt dem jungen Yves Montand, sie, zurückgebeugt, eine Hand nach unten weggestreckt, erinnert an Edith Piaf. Genaueres ist nicht erkennbar, die Gesichter der beiden sind logischerweise einander und nicht dem Photographen zugewandt. Geschossen – wenn man bei einer alten Rolleiflex so sagen kann – hatte Doisneau das Bild im Frühjahr 1950 für das amerikanische Magazin *Life*. Es illustrierte einen Artikel über das ewige Thema von Leben und Liebe in der französischen

Hauptstadt und es wurde zu einem meistpublizierten Photos überhaupt. Allein das Poster, das 1986 auf den Markt kam, hat sich über eine halbe Million Mal verkauft, dazu 80 000 Postkarten, Puzzles, Duschvorhänge, Aschenbecher, Bettbezüge und so weiter. »In Paris küssen sich die jungen Leute, wo es ihnen gefällt, und niemand scheint sich darüber zu verwundern«, lautete die Bildlegende von *Life.* Jedoch kam Ende 1992 im Zuge einer juristischen Farce um nicht abgegoltene Persönlichkeitsrechte heraus, daß Doisneau für seine aus dem vollen Pariser Straßenleben geschöpften Ansichten meistens Schauspieler engagiert hatte.

Scherzartikel

Kann man überhaupt von Fälschung reden, wenn es bloß darum geht, besonders schöne oder schockierende Bilder zu produzieren? Sind nicht die Medien grundsätzlich Illusionsmaschinen, denen die Erzeugung von Illusionen vorzuwerfen wenig Sinn macht? In der visuellen Dimension sind Information und Unterhaltung sowieso durch ästhetische Reize fest miteinander verklebt. Selbst offensichtliche Absurditäten wie Erdenbesuche von Außerirdischen bekommen deshalb Nachrichtenqualität, kaum daß ein englischer Videogroßhändler namens Ray Santilli behauptet, Aufnahmen von der Autopsie eines verunfallten Marswesens zu besitzen. Die Aufnahmen wurden im Rahmen einer gigantischen Marketingaktion an Fernsehstationen rund um den Erdball verkauft und von Frankreich bis Südchina am 28. August 1995 ausgestrahlt.

Zu sehen war die angebliche Leiche eines wasserköpfigen Ufo-Insassen, die von vermummten Pathologen nicht gerade kunstgerecht seziert wurde. Blut floß, Eingeweide quollen, und aus dem aufgesägten Schädel ergoß sich eine glibberige Hirnmasse. Wenn es ein Fake war, dann – so meinten Spezialisten der in Hollywood für Special Effects zuständigen »FX«-Departments – war es ein ziemlich guter Fake. Genausoviel Anerkennung freilich galt der Tatsache, daß der oder die Außerirdische just so aussah, wie man es sich in den »FX«-Departments immer vorstellte. Doch nicht nur Fernsehzuschauer (in Deutschland bei RTL), sondern auch Zeitungs- und Illustriertenleser kamen in den Genuß von schaurigen Bildern, die noch acht Monate später Diskussionsstoff hergaben, als ein Münchner Dermatologe behauptete, der aufgedunsene, entstellte Körper sei die Leiche eines dreizehnjährigen Mädchens gewesen, das unter der seltenen Erbkrankheit Progerie gelitten habe.

Für derlei Spekulationen bestand gar keine Notwendigkeit; die Herkunftsgeschichte des unscharfen Schwarzweiß-Streifens enthielt genügend faule Stellen. Filmpromoter Santilli wollte die Aufnahmen von einem mittlerweile 82jährigen Kameramann der US-Armee gekauft haben, dessen Namen er der Weltpresse jedoch hartnäckig verschwieg. Auf der Filmbüchse habe »Restricted access« und als Geheimhaltungsstufe »A01« gestanden. Als Journalisten herausfanden, daß diese Bezeichnungen bei der Armee gar nicht gebräuchlich sind, ließ Santilli sie flugs fallen. Dafür präsentierte er ein – undatiertes – Schreiben der Firma Kodak, mit dem bestätigt wurde, daß es sich bei dem Filmmaterial um altes Zelluloid handele. Allerdings stammte das Schreiben von einem Handelsvertreter in Hollywood, der später zugab, nur ein nichtssagendes Stück Vorspannfilm vorgelegt bekommen zu haben.

Daß die morbide Posse überhaupt so große Aufmerksamkeit fand, liegt an Roswell im amerikanischen Bundesstaat Neumexiko. Dort stürzte am 4. Juli 1947 irgend etwas Seltsames aus der Luft und ging unter dem Namen »Roswell Incident« in die Annalen der UFO-Forscher ein. Der »Zwischenfall von Roswell« ist der berühmteste und bestdokumentierte in der ganzen UFO-Historie. Das Städtchen Roswell verfügt über nicht weniger als zwei UFO-Museen, und unzählige Bücher und Presseartikel sind über den vermeintlichen Untertassen-Crash geschrieben worden. Doch dieser Boom begann erst in den siebziger Jahren, begleitet von Filmen wie »Unheimliche Begegnung der dritten Art«; dreißig Jahre nach dem Absturz behaupteten auf einmal Augenzeugen, sie hätten das Wrack eines Raumschiffs gesehen und trotz Armeeabsperrung mitbekommen, daß leblose kleine Wesen fortgetragen worden seien.

Die sechsfingrige Leiche des Santilli-Films wurde als eines dieser Wesen angekündigt. Dem Volksglauben zufolge wurden diese Wesen samt ihrem Flugkörper von amerikanischen Militärstellen beschlagnahmt und an geheimem Ort untersucht. Dieselben Stellen hätten das Ereignis dann vertuscht, indem sie behaupteten, ein Wetterballon sei abgestürzt. Daß der Volksglaube in bezug auf die Vertuschung nicht ganz fehl ging, kam im September 1994 mit der Veröffentlichung eines 600 Seiten starken regierungsamtlichen Berichts ans Licht: Es hatte sich wahrhaftig nicht um einen ordinären Wetterballon, sondern um ein Gerät gehandelt, das im Rahmen des Geheimprojektes »Mogul« sowjetische Atomversuche registrieren sollte. Orthodoxe UFO-Gläubige waren mit dieser Erklärung natürlich nicht zufrieden und lehnten sie als einen weiteren Vertuschungsversuch ab. Wenn sie den Santilli-Film trotzdem in Zweifel zogen, dann höchstens wegen der Aussage einer Augenzeugin, die sich genau daran erinnerte, daß die in Roswell gelandeten Außerirdischen nur vier Finger besaßen, nicht sechs.

Daß der makabre Alien-Film seinen PR-Siegeszug von England aus antrat, kommt nicht von ungefähr: Das Abstruse ist in den angelsächsischen Medien ebenso zu Hause wie das Akkurate; Journalismus und Entertainment sind beinahe gleichberechtigte

Kategorien der Presse – selbst der seriösen. Wie erst sieht es da bei der unseriösen Presse aus! Die Boulevardblätter *(tabloids)* von *Sun* bis *Mirror* pflegen abwegige Nachrichten zusammen mit Nacktphotos und reißerisch-rassistischen Tiraden gleichsam als Normalservice. Dagegen ist die *Bild*-Zeitung nachgerade ein Pfarreiblatt. Doch eine englische Gazette gibt es, die besonders deutlich demonstriert, daß die Verbreitung von gedrucktem Schund auch eine Art Sport sein kann. Die Rede ist von *Sunday Sport.*

Gegründet 1986, hatte die im Besitz des Porno-Millionärs und Reitstallbesitzers David Sullivan befindliche Postille zwei Jahre später eine Auflage von 800 000 Exemplaren. Berühmt wurde sie mit den Schlagzeilen »Bomber aus dem Zweiten Weltkrieg auf dem Mond gefunden« und »Londoner Doppeldecker-Bus am Südpol gefunden«. Als in Berlin die Mauer fiel, wartete *Sunday Sport* mit einem Bericht von Korrespondent John Wall (!) auf. Unter der Überschrift »Fatso Busts Berlin Wall« (Fettsack durchbricht die Berliner Mauer) berichtete die Zeitung von der angeblich 285 Kilogramm schweren Leipzigerin Gertrude Müller. Von Freßsucht getrieben, durchbrach der »Krautkoloß« die Mauer in Richtung Westen. Die Ausgabe mit dem Photo der übergewichtigen, unbekleideten Dame auf dem Titelbild verkaufte 80 000 Exemplare mehr als sonst.

Eine erfolgreiche Serie des Blattes handelte von einem Killer-Roboter, der sich selbständig gemacht hatte. Die Leser wurden aufgefordert, jede Begegnung mit dem Ungeheuer sofort zu melden. Mit Elan verfaßten die Redakteure die vermeintlichen Leserzuschriften, doch nur wenige Ausgaben später erreichte die Story bereits ihren Höhepunkt. Leserin June Pringle, so delirierten die Schreiber, habe der Redaktion ihr Sexabenteuer mit dem metallenen Monster gebeichtet; es folgten die Details. Begegnungen mit Außerirdischen zählen zu den Dauerthemen von *Sunday Sport*. Die Geschichten lauten etwa so: »Hausfrauen verwechselten Mini-Ufos mit Aspirintabletten, jetzt summen die kleinen Flugmaschinen in ihren Köpfen«. Über Adolf Hitler wußte die Zeitung zu berichten, daß der Diktator erstens lebt und zweitens in Wirklichkeit eine Frau war. Ein Photo zeigte Hitler, die übereinandergeschlagenen Beine bis zu den Knien mit einem Rock bedeckt.

Als *Sunday Sport* aber auf der ersten Seite Farbphotos einer von Kannibalen gekochten Nonne brachte – mit dem Verweis: »Blättern Sie auf Seite 15, wenn Sie es aushalten!« – und Kioskbesitzer sich über Übelkeitsanfälle beschwerten, erteilte der britische Presserat, dessen Statuten *Sunday Sport* nie unterschrieben hat, der Redaktion einen Verweis. Der damalige Chefredakteur Ian Pollock verteidigte die Story dagegen als »bahnbrechenden investigativen Journalismus at it's best«, denn buddhistische Mönche in Thailand hätten wirklich das Fleisch ihrer Äbtissin gegessen, um ihrer

Spiritualität teilhaftig zu werden. Gleichwohl sank die Auflage inzwischen auf 260 000, und Mister Sullivan tat sicher gut daran, einen Fernsehkanal zu kaufen.

Auch und gerade im Fernsehen sind Falschinformationen Scherzartikel. Das haben sogar schon deutsche Produzenten gemerkt. Die Münchner Firma MPR, die für den Süddeutschen Rundfunk die Sendung *Verstehen Sie Spaß?* herstellt, ging unter der Ägide von Didi Hallervorden dazu über, ihre holzigen Späße mit den Medien zu treiben. Anfang März 1996 täuschten sie die Boulevardpresse mit der Nachricht, ein Teil eines chinesischen Satelliten sei über München abgestürzt. An vorderster Stelle brachten die Geleimten Photos von einem angeblich durch Weltraumtrümmer demolierten Auto. Darüber amüsierten sich die Zuschauer natürlich köstlich. Hallervordens Einschaltquote machte einen Sprung nach oben.

Zwei Monate danach wiederholten die Entertainer einen ähnlichen Scherz mit den Fernsehstationen RTL und n-tv. Den angelockten Kamerateams präsentierten sie ein perfekt nachgebildetes Fragment des legendären Bernsteinzimmers. Nach dem verschollenen Kunstschatz veranstalten vom Sommerloch geplagte Journalisten alle Jahre wieder eine mit breiiger Kulturgeschichte garnierte Jagd. So auch Maurice Philip Remy, Inhaber der Produktionsfirma MPR. Er hatte für die ARD bereits eine seriöse Dokumentation über das Bernsteinzimmer gedreht. Dabei war ihm die

Leichtgläubigkeit seiner Kollegen aufgefallen. So kam ihm die Idee, sie durch eine Kunstharznachbildung kirre zu machen. Tatsächlich glaubten sie so fest an die Echtheit der ihnen gezeigten Attrappe, daß sie die Polizei auf die Spur der vermeintlichen Schmuggler brachten. Die spektakuläre Festnahme der Show-Producer auf der Autobahn zwischen Nürnberg und München verlieh dem Fernsehspaß besondere Würze. Immerhin erwies sich die Polizei als Spaßverderber: Sie stellte dem Süddeutschen Rundfunk die Kosten für den Einsatz in Rechnung.

Remy arbeitete derweil schon an seinem nächsten seriösen Stück: einem Dokumentarfilm über die Hitler-Tagebücher, mit dem er den *Stern*-Reporter Heidemann in einer solchen Opferrolle präsentierte, wie sie der Stern-TV-Reporter Born erst anstrebte. Oder wollte er nicht lieber ein Kujau sein? Der nachmalige Stuttgarter Galerist, bekannt durch 400 Fernsehauftritte, bekam für die Tatsache, daß er flüssig des Führers Handschrift imitieren konnte, immerhin neun Millionen Mark, die er nach Verbüßung einer viereinhalbjährigen Gefängnisstrafe in Immobilien anlegte. Der *Stern* hat das Geld nie zurückgefordert.

Lust am Lügen

Habgier und Missionseifer sind starke Motivationen, um Unwahrheiten zu verbreiten, aber eine Triebfeder gibt es, die ist im Zweifelsfall noch kräftiger: der Spaß, die Freude, das Vergnügen. Von der Lust am Lügen lebt nicht nur ein Großteil der Literatur, die Lust am Lügen gehört zu den geradezu göttlichen Gaben des Menschen, weswegen es hinsichtlich des Gebrauchs der Gabe gleich wieder göttliche Restriktionen gibt: Bekanntlich wird das Lügen mit dem achten Gebot untersagt, was jedoch den Reiz der Sache höchstens steigert.

Obwohl die Lust am Lügen zeitlos ist, bekam sie durch die Massenmedien eine neue Dimension. Die Medien sind für Mythomanen mehr als ein bloßes Arbeitsfeld, sie sind eine wahre Glücksmaschine: Erstens können sie sich fühlen wie Narziß in einem Spiegelsaal, und zweitens können sie sich darauf verlassen, daß diese Maschine auch auf getürkte Nachrichten schnell und zuverlässig anspringt. So entwickeln sich die Kommunikationsmittel zum idealen Instrument für Fake-Happenings, bei denen moderne Märchenerzähler sowohl das Publikum als auch die Medienleute mit Phantastereien eindecken, die sich bloß in ihrem Grad an Raffinement unterscheiden. Zum Beispiel ist es ein Leichtes, in einer Talkshow aufzutreten und mit Bekenntnissen wie »Die Freundin des Vaters meiner Freundin bekommt ein Kind von mir« Aufsehen zu erregen. Das bringt in der Regel 400 Mark Honorar und, wenn man den Schwindel hinterher auffliegen läßt, noch einmal zusätzliche Publicity.

Zu den Münchhausen der Mattscheibe zählt auch jener Kölner, der über sechzehn Mal in den verschiedensten Sendungen auftrat – jeweils als Zeuge selbsterdachter Ungeheuerlichkeiten: Für die Kulturmagazine von ARD *(Titel, Thesen, Temperamente)* und ZDF *(aspekte)* gab er sich als Kunstraub-Spezialist aus. Für andere mimte er einen eifersüchtigen Ehemann, einen profitgierigen Unternehmer oder einen Abhörexperten, der Wanzen an Ermittlungsbeamte verkauft. Er berichtete (im WDR-Morgenmagazin), was ein Mensch, der während vier Minuten klinisch tot war, zu berichten hat. Und er beklagte sich, daß ihm die Leber eines Alkoholikers eingepflanzt worden sei, weshalb er täglich mehrere Schnäpse trinken müsse.

Mit diesem Register an Eugelspiegeleien reiht sich der Kölner Lügenbaron würdig in die Reihe jener großen Hoaxer (Schwindler) ein, die vor allem in angelsächsischen Ländern Tradition haben. Manche von ihnen gehen systematisch vor und lehren ganze Generationen von Journalisten das Fürchten. Etwa Barry Gray, ein freundlicher Londoner, der unter den verschiedensten Namen als Immobilienhai, Waffenhändler, IRA-Mitglied und Privatddetektiv auftrat und durch geschickte Verwendung von Informationen, die er in der Presse auflas, CIA und KGB gleichzeitig gegeneinander ausspielte. 1976 bekam er von einer New Yorker Tageszeitung immerhin 50.000 Dollar für die angeblichen Schuhe eines ermordeten Gewerkschaftsführers ausgezahlt. Die hatte er in einem Billigladen für 3,50 Dollar gekauft. Oder Adam Lunardi, der schon mit 19 Jahren Schlagzeilen machte als »das Kind, das Fleet Street narrte«: Seine Erzählungen handelten von toten Bankiers, von Waffenverstecken unter Kirchenfundamenten und von Polizisten, die heimlich Hundekämpfe organisierten.

Da Journalisten, die sich im Besitz von Sensationen wähnen, nichts so sehr fürchten wie die Möglichkeit, daß ihre Konkurrenten Wind davon bekommen, sind der rigorosen Nachprüfung Grenzen gesetzt. Erfahrene Hoaxer wissen das und treten grundsätzlich in Situationen auf, wo zwei Parteien einander an der Gurgel haben und sich sehnlichst wünschen, den Gegner durch irgendeine indiskrete Information zu Fall zu bringen. Die schwindlerische Einmischung verspricht um so größeren Erfolg, je energischer die Journalisten selbst Partei ergreifen. Dann reichen die richtigen Reizwörter, um in der flirrenden Atmosphäre von Eifer und Absicht auch die abstrusesten Erfindungen druck- und sendereif erscheinen zu lassen.

Diese schon damals nicht unbedingt neue Erkenntnis faßte Anfang der dreißiger Jahre ein österreichischer Antriebsriemenfabrikant namens Arthur Schütz in bleibende Worte. Ohne jede Prätention berichtete er über seine Erfahrungen bei der Veröffentlichung atemberaubend sinnloser Artikel, die er mit technischen Vokabelperlen schmückte oder – je nach

Bedarf – mit einer trüben Sauce politisch reaktionärer Floskeln andickte, um sie den betreffenden Redaktionen schmackhaft zu machen – allen voran der *Neuen Freien Presse,* an der sich bereits ein Könner von noch ganz anderem Kaliber, nämlich Karl Kraus, abgearbeitet hatte.

Einmal in Fahrt, brachte Schütz so interessante Dinge wie ovale Räder, feuerfeste Kohlen oder kupferne Isolatoren problemlos unter. Sofern er mit einem klangvollen Titel zeichnete, konnte er sicher sein, daß das »hochangesehene Blatt« die Beiträge des Herrn Zivilingenieurs, des Handelskammerrates oder des Bergdirektors veröffentlichen würde. Am 18. November 1911 hatte er als Dr. Erich Ritter von Winkler seinen ersten druckschwarzen Auftritt, bei dem er auch das Tier erwähnte, das fortan allen weiteren derartigen Unternehmungen den Namen geben sollte: der Grubenhund.

Salopp gesprochen, ist der Grubenhund eine lancierte Ente. Doch indem er Schwindel und Schwachsinn verbellt, verfolgt er durchaus aufklärerische Ziele. »Die kulturelle Mission des Grubenhundes liegt in der Umschulung der Geister, in der Lockerung der Bindung zwischen Blatt und Leser, in der Erziehung zur Kritik durch Selbstentschleierung der Autorität. Von Grubenhund zu Grubenhund machte die Befreiung von der Suggestion des gedruckten Wortes Fortschritte. Bei den Zeitungen bemerkte man eine gewisse Unsicherheit, ein tiefes Mißtrauen selbst gegen die treuesten Abonnenten. Die Grubenhundeangst ging so weit, daß in manchen Redaktionen Beiträge bewährter fachlicher Mitarbeiter, ja sogar medizinischer Kapazitäten abgelehnt wurden mit der Bemerkung: >Man kann nie wissen.< Andere Zeitungen gingen sogar so weit, nur das abzudrucken, was die Redakteure wirklich verstanden. Dadurch wurde die Anzahl der veröffentlichten Zuschriften wesentlich eingeschränkt.«

Ein treuer, wenngleich sich dessen vielleicht gar nicht bewußter Schüler des österreichischen Grubenhundezüchters ist der New Yorker Physiker Alan Sokal, der im Frühjahr 1996 ein ganz ähnliches Experiment mit der sozialwissenschaftlichen Zeitschrift *Social Text* unternahm und damit einen ganzen Zoo von Akademikern, die unter der Rubrik »Cultural Studies« firmieren, aufs Glatteis führte. Unter der Überschrift: »Grenzüberschreitung – Annäherung an eine transformative Hermeneutik der Quantenschwerkraft« reichte er dem In-Organ der amerikanischen Poststrukturalisten ein geschwätziges Unfugs-Traktat ein, das mit den plattesten progressiven Parolen parfümiert war: Der Aufsatz wurde von den herausgebenden Professoren dankbar angenommen und in der nächsterreichbaren Ausgabe publiziert.

Dort konnte man so grobschlächtigen Unfug lesen wie die Behauptung, die Zahl pi sei eine historisch variable Größe oder die New-Age-Theorie der

»morphologischen Felder« spiele in der Quanten-physik eine Rolle. Doch weil Sokal das alles in einem modischen Jargon der Eigentlichkeit darbot, mit einem Basso Continuo aus Begriffen wie »Transgression«, »selbstreflexiv« und »operationalisieren«, wäre sein freches Spiel wahrscheinlich keinem Leser aufgefallen, wenn er sich nicht zugleich in einer anderen Zeitschrift mit dem treffenden Titel *Lingua Franca* geoutet hätte. Da war der Ärger von Professor Fish, dem *Social-Text*-Vorsitzenden, natürlich ähnlich groß wie die Freude aller Journalisten von der *Washington Post* über die *Times* bis zur *FAZ,* die sich begierig über den Fall her-machten.

Allerdings haben sie sich bei ihrer Berichterstattung bloß auf die vorgefertigte Enthüllung durch den Autor selbst gestützt. Der wisserische Ton, in dem sie hinter-her die hereingefallenen Kulturprofessoren verhöhn-ten, legt jedoch ein Bedenken nahe: Was wäre, wenn Sokal eine ganz andere Versuchsanordnung gewählt hätte? Wenn sein Experiment nicht dem Nachweis akademischer, sondern journalistischer Dummheit gegolten hätte? Wenn also etwa die New-Age-Theorie der »morphologischen Felder« in der Quantenphysik tatsächlich eine Rolle spielte und die Journalisten nur aus wohlfeiler Schadenfreude geneigt gewesen wären, Sokal zu glauben? – Für wissenschaftlichen Erkennt-nisfortschritt ist hier jedenfalls noch Raum.

In den stößt regelmäßig die Berliner Gruppe »Story Dealer« vor, die sich seit Jahren auf »simulierte Wirklichkeit« spezialisiert hat. So lud im Herbst 1995 eine »Vereinigung Arche Noah« nach Potsdam ein, um über die »Petrifikation« zu berichten, eine geheime russische Methode, das ewige Leben zu erreichen. Die Medien von *taz* bis Pro Sieben berichteten fleißig und ahnungslos. Nicht weniger groß war das Medieninteresse ein Jahr zuvor gewesen, als in Berlin Angler neben geöffneten Gullydeckeln Platz nahmen und in der Kanalisation ein Aal-Wettangeln veranstalteten. Ein Fernsehteam, das zu spät zum Ort des Geschehens kam, reagierte pragmatisch. Die TV-Leute stellten den Wettbewerb kurzerhand mit eigenen Mimen nach. Das war der exquisite Fall einer gefälschten Fälschung.

Anschläge – Unser Verhältnis zur Staatsgewalt

Es ist für einen liberal denkenden Menschen mit Recht schockierend, wenn er sich selbst dabei ertappt, die Polizei zu zögerlich zu finden. Der Ruf nach einer starken Staatsgewalt erscholl in der Bundesrepublik immer von rechts – und zwar so vehement, daß er die politische Szenerie über Jahrzehnte hin geradezu obsessiv beherrschte. In keinem anderen Parlament der Welt war so häufig von »innerer Sicherheit« die Rede wie im Deutschen Bundestag, in keinem anderen Land kam der Begriff so häufig in den Medien vor.

Nicht, daß die anderen Staaten von der dahinter stehenden Problematik, von Aufruhr, Terrorismus, Kriminalität, unberührt geblieben wären. Im Gegenteil: Auch England oder Frankreich haben allen Anlaß, sich um ihre »innere Sicherheit« Sorgen zu machen; allein, sie tun es nicht in der Weise, daß man den Eindruck hat, die moralischen Grundlagen des Staatswesens stünden ständig zur Disposition. Das ist in der Tat eine deutsche Spezialität, und sie hat natürlich historische Wurzeln. Die längeren von ihnen führen in die Staats- und Rechtsphilosophie des 18. und 19. Jahrhunderts;

die kürzeren entspringen aus den Erfahrungen des Dritten Reichs.

Zweifellos besitzen wir, als späte Schüler von Professor Hegel, eine ausgeprägte Neigung, den Staat als ethisches Gebilde zu betrachten, und sind dementsprechend irritiert, wenn sich herausstellt, daß die Staatsräson mit den meisten Ethik-Normen eigentlich kaum kompatibel ist. Diese erschreckende Erkenntnis zieht in der Regel eine von zwei Folgerungen nach sich: Entweder man setzt doktrinär den Staat als höchstes Gut und sich damit allen Gefahren des Totalitarismus aus, oder man leidet ewig unter der prinzipiellen Unvereinbarkeit beider Bereiche – des politischen und des moralischen. In diesem Fall kommt das zustande, was Regierung, Parlament und Öffentlichkeit hierzulande seit Jahr und Tag vorführen: die Rhetorik des besseren Menschen – genannt »political correctness«. Die dritte Möglichkeit, der fröhliche Zynismus unserer Nachbarn, ist uns anscheinend mentaliter verwehrt; in England oder Frankreich jedenfalls löst sich die Aporie im Pomp der Repräsentation, im Chaos der Alltagspraxis und in einer gewissen Indolenz gegenüber kategorischen Imperativen auf.

Der deutsche Hang zur Moralisierung des Politischen hat aber noch eine andere Wurzel. Er ist die Konsequenz der zwölfjährigen Herrschaft des Bösen, die unseren Staatsbegriff bis heute affiziert. Als nach dem Ende der Nazizeit der Parlamentarische Rat der

Bundesrepublik unter den Auspizien der West-Alliierten das Grundgesetz aus der Taufe hob, war ihm aus guten Gründen daran gelegen, einen relativ schwachen, von obrigkeitlichen Attitüden möglichst weit entfernten Staat zu konstruieren.

In den Augen konservativer Kritiker lief das jedoch auf einen schweren Geburtsfehler hinaus. Tatsache ist, daß der traditionellen Vergötzung des Staates in Deutschland nun das genaue Gegenstück, nämlich die Verteufelung folgte, was aber einen ähnlichen Effekt erzeugte. Er bestand und besteht in der enormen Scheinheiligkeit, mit der staatspolitische Fragen erörtert wurden und werden. Den absoluten und in der westlichen Welt fassungslos bestaunten Höhepunkt dieser Hypokrisie stellte vermutlich die Regelung dar, von Postbeamten und Lokomotivführern ein besonderes Treuegelöbnis zu dieser freiheitlichen Verfassung nicht nur zu verlangen, sondern dessen Aufrichtigkeit auch noch mit geradezu geheimdienstlichen Mitteln nachzuprüfen. Ebenso ist der ganze hysterische Diskurs über »innere Sicherheit«, der sich durch die Geschichte der Bundesrepublik zieht, ein Zeichen für die brisante Vermischung und Verwechslung von Werten und von Zwecken, von ethischen und etatistischen Kategorien.

Welchem Wessi klingen nicht die Ohren von der ständigen Beschwörung der »wehrhaften Demokratie«? Die letzten zwanzig Jahre lang hörten sie die

Parole und sahen mit Unbehagen, wozu sie jeweils diente: zur Schaffung von Notstandsgesetzen und Rasterfahndungskonzepten, zur Einengung des bürgerlichen Freiheitsspielraums. Dabei war das Geschrei der Linken über die Bundesrepublik als Polizeistaat nicht minder überzogen als das der Rechten über die angeblich drohende Anarchie. Beides führte indes dazu, daß die hehre Vorstellung von volkseigener Staatsgewalt unwiderruflich in die Brüche ging.

Tatsächlich heißt es im Artikel 20 des Grundgesetzes: »Alle Staatsgewalt geht vom Volke aus«. Die Formulierung hat etwas Hypnotisches; man könnte mit Karl Kraus sagen: »Je näher man sie anblickt, desto ferner blickt sie zurück.« Denn was bedeutet sie konkret? Ist etwa das Volk aufgefordert, Polizei zu spielen? Mitnichten. Der Staat besitzt bekanntlich das Gewaltmonopol; nur er darf Zwang ausüben, zur Sicherung von Frieden und Freiheit und Gesetz und Ordnung. Zu diesem Zweck verfügt er über eine schlagkräftige Truppe, die ebenfalls als Staatsgewalt firmiert.

Diese begriffliche Konfusion hat schon viele Regalmeter staatsrechtlicher Abhandlungen hervorgebracht. Sie kommt hauptsächlich daher, daß die deutsche Sprache für Herrschaftsgewalt (lateinisch: *potestas*, französisch: *pouvoir*, englisch: *power*) und für Brachialgewalt (lateinisch: *violentia*, französisch: *violence*, englisch: *violence*) ein und dasselbe Wort benutzt. Dabei ist gerade ihre Unterscheidung der Ausgangspunkt moderner

Staatsphilosophie – etwa in Hannah Arendts grundlegendem Essay über *Macht und Gewalt.*

Die sprachliche Zweideutigkeit ist allerdings für unser ambivalentes Verhältnis zur Staatsgewalt sehr charakteristisch. Auf der einen Seite haben wir die Staatsautorität eindeutig mehr verinnerlicht als andere Völker. Auf der anderen Seite jedoch sind wir dagegen offenbar allergischer als sie geworden. Auf der einen Seite käme in Frankreich eine Sympathie-Werbekampagne der Polizei mit dem Diktum »dein Freund und Helfer« nicht einmal als Witz in Betracht, so weit ist die Aura des »flics« von jeder gesellschaftlich wünschenswerten oder auch nur akzeptablen Funktion entfernt. Auf der anderen Seite können sich die Franzosen über die deutsche Datenschutz-Paranoia, die ja ein phantastisches Mißtrauen gegenüber dem Staat und seinen Organen verrät, nur wundern.

Sicher, grundlos ist das alles nicht. Der tatsächliche Gebrauch der Staatsgewalt stellt nicht nur in der Geschichte der DDR, sondern auch der BRD ein durchaus unerfreuliches Kapitel dar. Angelpunkt der Erfahrungen einer ganzen, die politische Szenerie jetzt weitgehend bestimmenden Generation waren im Westen die Studentenproteste der sechziger Jahre. Nur anderthalb Jahrzehnte, nachdem die Bundesländer mit dem Neuaufbau von kasernierten Polizeieinheiten begonnen hatten, schlugen diese auf die ersten Demonstranten ein und bewiesen damit, was letztere just bewiesen sehen wollten, nämlich daß die souveräne Staatsgewalt und die knüppelschwingende, *potestas* und *auctoritas*, noch immer eine höchst prekäre Einheit bilden.

Noch immer heißt: trotz des 1949 eingeführten grundgesetzlichen Moralanspruchs, an dem viele damals schlicht verzweifelten. Er hat wahrhaftig die Enttäuschung und Entrüstung allenthalben zugeschärft, er gab der (west)deutschen Situation ihre besondere Note und wirkte noch ex negativo in der beispiellosen Selbstgerechtigkeit der (west)deutschen Terroristen nach. Die Enttäuschung über das Grundgesetz, beziehungsweise das, was in der politischen Praxis daraus wurde, dominierte die Gefühlslage der (West-)Nation in weiten Teilen und war etwas Einzigartiges.

Anderswo wurde zwar auch demonstriert und auch geknüppelt, aber gewissermaßen sachlicher. Es stand jedenfalls keine »freiheitlich-demokratische Grundordnung« auf dem Spiel, die von Politikern und Richtern zu einem solchen Popanz aufgeblasen wurde, daß eine ganze Generation nicht mehr anders als ironisch davon reden kann. In Ländern, die in Sachen parlamentarische Demokratie über einige Erfahrung verfügen, käme einfach niemand auf die Idee, die Sphäre staatlichen Agierens mit solch hochmoralischen Dingen wie »Grundwerten« zu besetzen.

Es gibt also philosophisch-kulturelle und es gibt politisch-zeitgeschichtliche Gründe für unser, sagen wir ruhig: neurotisches Verhältnis zur Staatsgewalt.

Doch neben der bisher skizzierten Entwicklung vollzog sich eine weitere, die schwerer darzustellen ist, weil es keine klar bestimmbaren Ereignisse und Etappen gibt, die sie kennzeichnen könnten. Es handelt sich vielmehr um Wahrnehmungen auf dem unsicheren Feld der Sozialpsychologie. Die Rede ist von einem allmählichen Bewußtseinswandel, der in den siebziger und achtziger Jahren stattfand und eine Handhabung des Themas Gewalt bewirkte, die einem mittlerweile schon fast unwahrscheinlich vorkommt.

Immerhin sieht es zur Zeit so aus, als wüchse eine gewaltbereite, gewalttätige und – am schlimmsten wohl – gewaltgewohnte Jugend auf, die das Thema auf völlig neue Art lanciert. Insofern steht ihr Verhalten in genauem Gegensatz zu dem ihrer Vorgänger aus zwei Dezennien. Wenn etwas die Nach-Achtundsechziger-Zeit auszeichnete, dann war es die Ablehnung, die Ächtung und sogar die Tabuisierung von Gewalt schlechthin. Das mag auf Anhieb abwegig klingen, denn von den halstuchbewehrten Kämpen der frühen Hausbesetzerszene bis zu den hochgerüsteten Anarchos auf den Schlachtfeldern bei Wackersdorf und Mörfelden gab es gewiß genügend Ausbrüche von Gewaltgeilheit, um das Bild einer eher friedliebenden, fast schüchternen Generation Lügen zu strafen.

Und doch: Wer in der Bundesrepublik als Achtzehnjähriger seinen Eintritt ins staatsbürgerliche Aktivleben nicht nur mit dem Gang zur Wahlurne, sondern dem

Akt der Wehrdienstverweigerung besiegelte, wer dabei einer Prüfungskommission schriftlich und mündlich – und womöglich in Beantwortung hinterhältiger Fangfragen – dartun mußte, daß er nicht etwa die Bundeswehr, sondern die Ausübung von Gewalt an sich verabscheue, der war zwar nicht notwendigerweise der Engel, als der er sich der Jury zu präsentieren hatte, doch er war in die Thematik eingedrungen und hatte Stellung bezogen. Von da mochte ihn sein weiterer Weg in die Friedensbewegung und später zu den Lichterketten führen, die alle typische Produkte dieser Sozialisation sind.

Selbst den von manchem Innenminister so genannten Sympathisantensumpf der Terroristen kann man getrost demselben Phänomen zuschlagen; es ist nämlich nicht wahr, daß das diffuse Wohlwollen, das viele junge Leute für die RAF aufbrachten, tatsächlich Sympathie für deren Anschläge gewesen wäre. Es handelte sich vielmehr um eine pervertierte Form des Strebens nach Gewaltfreiheit, um eine Art Appeasement nach innen. Der Pazifismus, mit dem die deutsche Friedensbewegung auf außenpolitischem Parkett die Besserung der Welt betreiben wollte, hatte hier seine Entsprechung: Getreu der sozialpädagogischen Devise, daß sich gesellschaftliche Konflikte nicht mit der Staatsgewalt lösen lassen, forderte man eher Abrüstung und Rückzug der Polizei als sich im vermeintlich eigenen Lager unbeliebt zu machen.

Der Mechanismus ist bekannt: Einer wirft einen Stein und hundert schauen zu. Vielen ist dabei mulmig, die meisten würden keinen Stein werfen, aber niemand stellt sich dem Steinwerfer entgegen. Denn das Steinewerfen liegt sozusagen in der Luft und wer jetzt aus der Gemeinschaft ausschert, riskiert stark, das nächste Opfer zu werden. Der Mechanismus ist zumal in Deutschland wohlbekannt: So nämlich fing die große, die größte überhaupt mögliche Barbarei an – mit ganz kleinen SA-Trupps, die komplette Wohnviertel und Dörfer in den Bann der Gewalt zogen.

Denn von den Hunderten, die zuschauen und keinen Finger rühren, haben fast alle Angst – eine durchaus begründete, durchaus berechtigte, ja sogar ehrenwerte Angst, insofern sie gerade zeigt, daß denen, die sie empfinden, Gewalt eigentlich nicht liegt. Aber genau darin besteht das Geheimnis des überwältigenden Erfolgs aller Gewalttäter: daß die anderen Menschen keine sind. Sie sind eben bloß Zuschauer, bloß träge Masse – aus Feigheit, Naivität oder aus guten Absichten; selten aus wirklicher Sympathie mit den Tätern.

Feigheit, Naivität und gute Absichten waren es also, die den sogenannten Sympathisantensumpf wesentlich bewässerten; Feigheit, Naivität und gute Absichten sind es, die heutzutage die Reaktionen unserer Öffentlichkeit auf die anschwappende Gewaltwelle prägen. Dabei dürfen die ersten beiden Merkmale wohl als anthropologische Konstanten und somit als verzeihlich gelten; die brisante deutsche Komponente sind wieder mal die guten Absichten. Der nachgerade grandiose Goodwill, mit dem Gewaltkriminalität entweder zu »abweichendem Verhalten« minimiert oder zum Ausdruck eines »gesellschaftlichen Defekts« hochstilisiert wird, hängt mit der geschilderten Friedfertigkeitskultur eng zusammen.

Für einen liberal denkenden Menschen ist es verständlicherweise schockierend, wenn er sich selbst dabei ertappt, nach einer starken Staatsgewalt zu rufen. Es ist ja bereits ein Tabubruch, über die Staatsgewalt nachzudenken, da dieses Nachdenken den illusionslosen Blick auf einen gern verleugneten Aspekt der menschlichen Natur einschließt. Mit dem bloßen Ruf nach der Polizei ist es nicht getan; vor allem gilt es jetzt, das Unbehagen zu erörtern, das man bei diesem Ruf empfindet. Wir müssen der Wahrheit ins Auge sehen, daß wir zum Glück unfähig sind, selbst Gegenwehr – und das heißt: Gegengewalt – auszuüben. Das bloße Vorhandensein der Staatsgewalt erinnert uns ständig unangenehm daran. Deshalb sind wir mit ihr so zerfallen. Doch wenn es soweit kommt, daß die Politiker dem Volk beherztes Zupacken bei der Abwehr von Verbrechen als Ausweis von Bürgersinn empfehlen, dann darf, dann muß man darauf hinweisen, daß es ein staatlich zu schützendes Bürgerrecht auf ein Leben in Frieden und Feigheit gibt.

Biographie

Burkhard Müller-Ullrich, geboren 1956 in Frankfurt am Main, begann in München Philosophie, Soziologie und Geschichte zu studieren. Seit 1978 arbeitet Müller-Ullrich als Journalist. Er war zunächst freier Mitarbeiter verschiedener deutscher Rundfunkanstalten und von 1985 bis 1988 Redakteur beim Schweizer Radio DRS und dem Schweizer Büchermagazin *Bücherpick*. Von 1988 bis 1994 war Burkhard Müller-Ullrich als freier Kulturkorrespondent mit Schwerpunkt Schweiz, Frankreich und Großbritannien für viele Rundfunkanstalten und Zeitungen aktiv. 1994 bis 1996 war er Gründer und Leiter der Internationalen Kulturnachrichten-Agentur ink-a mit Sitz in Freiburg im Breisgau. Außerdem arbeitete er in der Zeit von 1994 bis 1996 als Autor bei der Schweizer *Weltwoche, Focus* und der *Süddeutschen Zeitung* und von 1997 bis 2000 als Redaktionsleiter der Redaktion »Kultur heute« im Deutschlandfunk. Seither war er wieder freischaffend als Autor für mehrere ARD-Sender, Zeitungen und Zeitschriften tätig. Als Moderator war er bis Anfang 2022 regelmäßig als freier Mitarbeiter im Südwestrundfunk (SWR2 Forum) zu hören.

Von 2020 bis Ende März 2022 moderierte Müller-Ullrich bei der Achse des Guten den Podcast indubio, in dem er das politische und gesellschaftliche Tagesgeschehen mit seinen Gästen besprach. Seit Juni 2022 ist er Betreiber des Internetradiosenders Kontrafunk.

Bibliographie (Auswahl)

»Der Volkstribun im Liebeswahn. Die letzten Tage des
Ferdinand Lassalle«, in: Uwe Schultz (Hrsg.): *Das
Duell. Der tödliche Kampf um die Ehre,* Frankfurt am
Main / Leipzig 1996

Medienmärchen. Gesinnungstäter im Journalismus,
München 1996

»Kugelschreiber«, in: 3sat (Hrsg.): *100 Wörter des Jahrhunderts,* Frankfurt am Main 1999

»Wonach richten sich die Nachrichten?«, in: Konrad Paul
Liessmann (Hrsg.): *Der Wille zum Schein. Über Wahrheit und Lüge,* Wien 2005

»Balkonien. Zu Hause bleiben mit Insider-Tipps«, in:
Marco-Polo-Reiseführer, Ostfildern 2009

Routenneuberechnung. 100 Orientierungsglossen, Amazon
Kindle-edition, 2012

EXIL in der edition buchhaus loschwitz
6. Staffel

3 Bände im Paket (ISBN 978-3-9824237-4-6 | 53 €)

Tobias Becker *Die Rückkehr des Schmerzes. Ein Befund*
Klappenbroschur | 200 S. | ISBN 978-3-9824237-5-3 | 19 €
Tobias Becker widmet sich in seinem Essay dem Schmerz, dies ausgehend von Ernst Jüngers Schmerzbegriff als einem »Signum der Epoche«. »Eigentlich ist nichts mehr, wie es war. Zukünftig soll sogar noch weniger so sein, wie es war. Es scheint also, als ob sich die Fragen, die sich Jünger vor hundert Jahren stellte, wieder stellten.«

Cora Stephan *Im Drüben fischen. Nachrichten von West nach Ost*
Klappenbroschur | 120 S. | ISBN 978-3-9824237-7-7 | 17 €
Cora Stephans versammelte Texte aus den ersten Jahren nach Wende und Wiedervereinigung zeugen von politischer Klarheit und einem unverstellten Blick auf den Osten Deutschlands. »Hinschauen – im eigenen Interesse, nicht aus Stellvertretermitleid mit den armen ›Zonis‹. Denn natürlich: sie sind grad so, wie man sie sich immer vorgestellt hatte.«

Stephan Krawczyk *TAU. Betrachtungen*
Klappenbroschur | 272 S. | ISBN 978-3-9824237-6-0 | 19 €
Stephan Krawczyks Notizen sind Gedankensplitter, die in alle Richtungen aus einem gelebten Tag springen. »Die Behauptung, es sei Demokratie, und man müsse die Demokratie stärken, ist im Grunde dasselbe, wie die Behauptung, es sei Sozialismus, und man müsse den Sozialismus stärken. Beides ist für die Machthaber ein Feigenblatt, egal auf welchem Wort sie an die Macht geritten sind.«

EXIL in der edition buchhaus loschwitz
5. Staffel

3 Bände im Paket (ISBN 978-3-9824237-0-8 | 49 €)

Konrad Adam *Gräben. Was zur Einheit fehlt*
Klappenbroschur | 152 S. | ISBN 978-3-9824237-1-5 | 17 €
Der erfahrene, konservative Journalist und temporär agierende *homo politicus* Konrad Adam ist an den Gräben entlang gegangen, die unser Land seit drei Jahrzehnten durchziehen, die Aufbruchstimmung getrübt und die Menschen getrennt haben. Er plädiert für eine Rückbesinnung auf gemeinsame Werte, basierend auf Bildung und Traditionen, die Mut machen und die Kraft zu Veränderung aufbringen.

Frank Böckelmann *Erkenne die Lage! Expeditionen ins Verdrängte*
Klappenbroschur | 168 S. | ISBN 978-3-9824237-2-2 | 19 €
Frank Böckelmann, langjähriger Herausgeber der vogelfreien Zeitschrift *TUMULT,* sucht für seine Editorials in jeder Ausgabe nach dem, was in der aktuell geführten Debatte ausgeblendet oder verdrängt wird. Seine Funde sind ebenso verblüffend wie einleuchtend. Manche von ihnen haben sich bis heute nicht herumgesprochen. Das erklärt den Reiz der vorliegenden Auswahl von Texten aus den Jahren 2015 bis 2020.

Antje Hermenau *Das große Egal. Essay*
Klappenbroschur | 112 S. | ISBN 978-3-9824237-3-9 | 17 €
Die frühere Realpolitikerin Antje Hermenau ist lange das ostdeutsche Gesicht der Grünen gewesen. Bis zu dem Zeitpunkt, als sie sich eingestehen musste, dass auch diese Partei keine volksnahe Partei sein möchte. Der Essay *Das große Egal* ist damit auch eine profunde Bilanz dessen, was jedwede Partei nach Wahlen nicht bereit ist zu leisten und zugleich eine kurzweilige Anleitung zum Umgang mit dem Prophetischen von Geschichte und ihren Erzählern.

EXIL in der edition buchhaus loschwitz
4. Staffel

3 Bände im Paket (ISBN 978-3-9823005-8-0 | 49 €)

Eberhard Straub *Europa. Ein ungesicherter Begriff*
Klappenbroschur | 104 S. | ISBN 978-3-9823005-5-9 | 17 €
Das Brüssel-Europa widerspricht sämtlichen europäischen Überlieferungen praktischer Weltklugheit. Jetzt wollen Funktionäre Einheit und nicht Einigkeit, Monotonie statt Polyfonie, die Gleichheit der Lebensverhältnisse, des Denkens und Wünschen und Wollens, sie möchten die Freiheit ersticken (. . .). Vom Geist und seiner Geschichte in Europa ist nicht mehr die Rede. (Eberhard Straub)

Thor Kunkel *Der Weg der Maschine. Annäherungen an den kybernetischen Sozialismus. Riskante Essays*
Klappenbroschur | 144 S. | ISBN 978-3-9823005-4-2 | 17 €
Abklärung statt Aufklärung, Durchdringungsmut statt Konformität: In seinen riskanten Essays gräbt sich Kunkel unter die Oberfläche der bunten One World, um aufzuzeigen, was sich dahinter verbirgt: ein sozialistisch vereintes Europa – nach dem Modell einer renovierten, kybernetisch gelenkten DDR 2.0.
Das Lesen von Kunkels Essays ist im heutigen Deutschland nicht weniger riskant als das Schreiben!

Rolf Stolz *Die Schärfe des Lachens: Wilhelm Busch*
Klappenbroschur | 152 S. | ISBN 978-3-9823005-6-6 | 17 €
Rolf Stolz beschreibt Wilhelm Busch als einen kritischen Realisten, »der vom Leben ausgeht und nicht von Wunschträumen, die den gerade Herrschenden ins Konzept passen oder die ausweichen in utopische Luftschlösser eines neuen Menschen und einer paradiesisch gerechten Welt.« Eine notwendige und vergnügliche Erinnerung an den Künstler und Autor Wilhelm Busch im Zeitalter von *political correctness.*